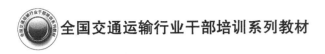

全国交通运输行业干部培训系列教材

"四好农村路"案例集

韩　冰　　胡娟娟　**主　编**
李丽丽　　尤冬梅　**副主编**

人民交通出版社股份有限公司
北　京

内 容 提 要

本书为全国交通运输行业干部培训系列教材。本教材由五个案例组成,包括河北省涉县"四好农村路"建设篇、浙江省安吉县"四好农村路"管理篇、贵州省盘州市"四好农村路"养护篇、湖北省潜江市"四好农村路"运营篇、福建省"四好农村路"案例。

本书主要供各地交通运输主管部门从事农村公路管理的人员学习使用,可作为全国交通运输行业干部培训教材,也可供交通运输系统领导干部学习参考。

图书在版编目(CIP)数据

"四好农村路"案例集/韩冰,胡娟娟主编. —北京:人民交通出版社股份有限公司,2022.7
ISBN 978-7-114-18021-7

Ⅰ.①四… Ⅱ.①韩…②胡… Ⅲ.①农村—社会主义建设—案例—中国 Ⅳ.①F320.3

中国版本图书馆 CIP 数据核字(2022)第 100537 号

书　　名:	"四好农村路"案例集
著 作 者:	韩　冰　胡娟娟
责任编辑:	时　旭
责任校对:	席少楠　刘　璇
责任印制:	张　凯
出版发行:	人民交通出版社股份有限公司
地　　址:	(100011)北京市朝阳区安定门外外馆斜街 3 号
网　　址:	http://www.ccpcl.com.cn
销售电话:	(010)59757973
总 经 销:	人民交通出版社股份有限公司发行部
经　　销:	各地新华书店
印　　刷:	北京虎彩文化传播有限公司
开　　本:	787×1092　1/16
印　　张:	7.5
字　　数:	80 千
版　　次:	2022 年 7 月　第 1 版
印　　次:	2023 年 6 月　第 3 次印刷
书　　号:	ISBN 978-7-114-18021-7
定　　价:	25.00 元

(有印刷、装订质量问题的图书,由本公司负责调换)

本书编委会

主　编：韩　冰　胡娟娟

副主编：李丽丽　尤冬梅

参　编：（排名不分先后）

张　宇　郭新红　任淑云　余清河　刘　波

梁　泉　李菊侠　李维明　郑哲武　张付平

梁江苏　王利强　张树魁　张　寅　詹大德

方　墩　张　革　范友忠　朱　再　朱发奎

刘美蓉　黄祥国　袁成钢　朱海滨

前言
PREFACE

2021年2月,习近平总书记全国脱贫攻坚总结表彰大会上发表重要讲话:"今天,我们隆重召开大会,庄严宣告,经过全党全国各族人民共同努力,在迎来中国共产党成立一百周年的重要时刻,我国脱贫攻坚战取得了全面胜利,现行标准下9899万农村贫困人口全部脱贫,832个贫困县全部摘帽,12.8万个贫困村全部出列,区域性整体贫困得到解决,完成了消除绝对贫困的艰巨任务,创造了又一个彪炳史册的人间奇迹!""无论是雪域高原、戈壁沙漠,还是悬崖绝壁、大石山区,脱贫攻坚的阳光照耀到了每一个角落,无数人的命运因此而改变,无数人的梦想因此而实现,无数人的幸福因此而成就!"❶

在这一人间奇迹中,交通先行官的作用尤为突出。"要想富、先修路,公路通、百业兴"。要帮助6亿农村人口摆脱贫困,走上小康之路,基础在交通。党的十八大以来,习近平总书记曾三次对"四好农村路"发展作出重要指示,为农村公路发展指明了方向。交通人以总书记的要求为指引,以建设人民满意交通为己任,以昂扬的斗志和充足的干劲掀起农村公路建设高潮。截至2020年底,我国公路总里程519.81万公里,其中农村公路里程为438.23万公里,占全国公路总里程的84.3%,其中含县道里程66.14万公里、乡道里程123.85万公里、村道里程248.24万公里。

自党的十八大以来,中共中央高度重视农村公路的发展,中央一号文件连续六年对农村公路发展作出部署,国务院办公厅印发《关于深化农村公路管理养护体制改革的意见》。为加快农村公路发展,交通运输部将"四好农村路"作为"十三五""十四五"全国

---

❶ 习近平:《在全国脱贫攻坚总结表彰大会上的讲话》,《人民日报》2021年2月26日。

农村公路工作的核心任务，频频出台相关政策、标准规范，包括《农村公路建设管理办法》《农村公路养护管理办法》《关于推动"四好农村路"高质量发展的指导意见》《小交通量农村公路工程技术标准》等，既解决"有没有"的问题，又解决"好不好"的问题，推进农村公路建设、管理、养护、运营高质量发展。一条条农村公路修到了田间地头，通到了乡亲们的家门口，过去"晴天一身土，雨天一脚泥"的面貌有了较大改观，"出门水泥路，抬脚上客车"的梦想得以实现，"四好农村路"已成为民生路、致富路、幸福路。

在全国如火如荼的"四好农村路"建设热潮中，百花齐放、各有千秋，涌现出很多先进典型。"十三五"期间，交通运输部已创建了 200 个"四好农村路"全国示范县，各省（区、市）也遴选出了很多省级示范县。本教材编委会对"四好农村路"建设取得实效的个别地区认真总结梳理经验成果，深入挖掘提炼特色亮点，并剖析发展困境和解决之道，为其他地区提供借鉴参考，将优秀建设经验发扬光大，以便在遇到类似困难时可以找到有效的解决思路；以点带面带动全国"四好农村路"高质量发展，从而推动脱贫攻坚和乡村振兴的有效衔接，进而全面实现乡村振兴的目标。

本教材由五个案例组成，其中河北省涉县、浙江省安吉县、贵州省盘州市、湖北省潜江市分别侧重于农村公路建设、管理、养护、运营四个方面重点介绍；福建省是全国最早在全省范围内推广路长制和灾毁保险的省份，因此福建省只介绍这两方面的经验。案例体现了不同方面对农村公路的影响，包括政府支持、交通主责、群众参与、服务产业、创新驱动、绿色发展、公路文化、充分发挥市场作用等。

本教材编写得到了交通运输部公路局、河北省交通运输厅公路管理局、浙江省公路与运输管理中心、贵州省公路局、湖北省公路事业发展中心、福建省公路事业发展中心、邯郸市交通运输局、安吉县公路与运输管理中心、盘州市交通运输局、潜江市交通局的大力支持，在此表示衷心的感谢！

本书编委会
2022 年 3 月

案例一：河北省涉县"四好农村路"建设篇

一、案例概述 ··· 1
（一）涉县基本情况 ··· 1
（二）"四好农村路"发展成就 ······························· 3

二、发展困境 ··· 6
（一）自然条件恶劣，修路难度极高 ························· 6
（二）建设力量不足，交通发展受阻 ························· 8
（三）县域经济落后，资金筹措困难 ························· 8
（四）交通基础薄弱，资源开发受阻 ························· 9

三、解决之道 ·· 11
（一）注重党建引领，树标杆强示范 ························ 11
（二）创新工作思路，聚力量齐建设 ························ 13
（三）创新融资渠道，用巧法办大事 ························ 16
（四）保护生态环境，依地势造景观 ························ 18
（五）打造"公路+"，提颜值重品质 ······················ 23

四、经验分享 ·· 26
（一）发挥党建引领，谋全局树模范 ························ 26
（二）发挥政府主导，聚力量共发展 ························ 27
（三）调动多方力量，齐努力融资金 ························ 28
（四）坚持生态发展，美公路兴涉县 ························ 28

案例二：浙江省安吉县"四好农村路"管理篇

一、案例概述 ·· 30

  （一）安吉县基本情况 ······ 30
  （二）"四好农村路"发展成就 ······ 32
 二、发展困境 ······ 33
  （一）统筹规划不够完善，顶层设计尚需加强 ······ 34
  （二）体制改革不够深化，长效化机制未形成 ······ 34
  （三）治理体系不够健全，管理水平有待提高 ······ 35
  （四）宣传引导不够到位，爱路护路意识淡薄 ······ 36
 三、解决之道 ······ 36
  （一）规划为先，推进农村联网公路建设 ······ 37
  （二）政策引领，助推农村公路提质升级 ······ 38
  （三）多措并举，深入推进养管体制改革 ······ 40
  （四）健全机制，率先推动实施"路长制" ······ 43
  （五）加强整治，提升治理体系管理效能 ······ 47
  （六）注重文化，铸造农村公路内在灵魂 ······ 48
 四、经验分享 ······ 53
  （一）政府高度重视，成就发展蓝图 ······ 53
  （二）注重规划引领，加快产业融合 ······ 54
  （三）注重因地制宜，坚持生态发展 ······ 54
  （四）创新管理模式，构建长效机制 ······ 55
  （五）弘扬公路文化，引导全民参与 ······ 55

案例三：贵州省盘州市"四好农村路"养护篇

 一、案例概述 ······ 56
  （一）盘州市基本情况 ······ 56
  （二）"四好农村路"发展成就 ······ 59
 二、发展困境 ······ 61
  （一）管养机制不够健全，责任落实不够到位 ······ 62
  （二）养护要求不断提高，养护资金投入不足 ······ 63
  （三）养护基础较为薄弱，养护模式亟待转变 ······ 63
  （四）宣传教育不够到位，爱路护路意识淡薄 ······ 64
 三、解决之道 ······ 65

（一）推广"路长制"，完善管养体系 ·············· 65
　　（二）加大养护投入，创新融资模式 ·············· 65
　　（三）强化日常养护，实现养护到位 ·············· 66
　　（四）转变养护理念，推进"四化"建设 ············ 67
　　（五）加强护路宣传，注重民众参与 ·············· 68
四、经验分享 ································ 69
　　（一）改革创新，农村公路助推"三变" ············ 69
　　（二）资金到位，破解建养发展难题 ·············· 70
　　（三）吸纳就业，助力脱贫振兴双赢 ·············· 70

案例四：湖北省潜江市"四好农村路"运营篇

一、案例概述 ································ 71
　　（一）潜江市基本情况 ························ 71
　　（二）"四好农村路"发展成效 ·················· 72
二、发展困境 ································ 76
　　（一）客运缺乏统一管理，"真通、实通、通好"较难保障 ·· 76
　　（二）农村物流缺乏统筹，"集散、服务、发展"较难保障 ·· 77
三、解决之道 ································ 78
　　（一）推进农村客运公交化改造，满足安全便捷出行需求 ·· 79
　　（二）推进农村物流的融合发展，实现城乡物流进村入户 ·· 85
四、经验分享 ································ 89
　　（一）强化组织领导，理顺体制机制 ·············· 89
　　（二）制定合理规划，促进资源整合 ·············· 89
　　（三）引入社会资本，减轻财政压力 ·············· 90
　　（四）实施示范创建，强化典型引领 ·············· 90

案例五：福建省"四好农村路"案例

一、案例概述 ································ 92
　　（一）福建省基本情况 ························ 92
　　（二）"四好农村路"发展成就 ·················· 94

二、发展困境 ··· 96
（一）重建轻养，管养体系不够健全 ································ 97
（二）灾害频发，修复资金难到位 ···································· 97
三、解决之道 ··· 98
（一）全面推行"路长制"，构建管养常态机制 ···················· 98
（二）全面推行灾毁保险，化解财政补贴难题 ···················· 103
四、经验分享 ··· 109
（一）打好"组合拳"，推动"路长制"真正落地 ···················· 109
（二）社会参与风险管理，提高抗灾抢修能力 ···················· 110

案例一：河北省涉县"四好农村路"建设篇

一、案例概述

（一）涉县基本情况

涉县隶属河北省邯郸市，位于太行山东麓，河北省西南部，清漳河下游，是位于晋冀豫三省交界处的一个全山区县。涉县东以东郊山、古脑、老爷山为界，与武安市、磁县毗邻；西以黄栌垴、大寨垴、黄花山为界，与山西省黎城县、平顺县相连；南与河南省林州市隔漳河、浊漳河相望；北面有羊大垴、界牌山、左权岭与山西省左权县接壤，属重丘区。涉县是京津冀西南地区的生态屏障，京津冀重要的生态环境支撑区、涵养地和避霾首选地。涉县县域面积1509平方公里，下辖17个乡镇、308个行政村、464个自然村，常住人口38万人。

涉县的交通区位优势非常突出，背靠京津冀，面朝中原地区，是联动京津冀和中原地区的重要枢纽，自古以来就是兵家必争之地，素有"秦晋之要冲、燕赵之名邑"之称。涉县交通条件非常便利，邯长铁路、阳索铁路穿境而过；太行山高速公路、青兰高速公路、G234国道和G309国道连通四方；涉县距周边的邯郸机场、长治机场都是40分钟车程。

涉县是千年古县，自古流传着女娲补天的浪漫神话；涉县是革命老区，代代传承着一二九师的红色精神；涉县是生态福地，旖旎的太行红河谷散发着迷人魅力。涉县古有"三槐、九景、十八峧"之美称，今有露天博物馆之赞誉，境内已发现仰韶文化、龙山文化、商周文化、汉文化遗址30多处，现存寺庙、石窟、石刻等古建筑300多处，拥有8处全国重点文物保护单位、15处省级文物保护单位。近几年，涉县建造了世界第一条彩色马拉松赛道、世界直径最大的水车网、中国第一个水上玻璃栈桥等，创造了多个世界第一和全国第一。涉县以其独特的山青、水秀、田韵、绿脉等"外形"，以及深厚底蕴的文化"灵魂"，吸引了众多中外游客和客商。这个仅有38万人口的县，2018游客人数已近2000万人次，游客最多的一天达到8万人次。

十余年来，涉县荣获30多项殊荣。2006年，涉县被评为"中国优秀旅游目的地"；2009年荣登"国家级生态示范区"；2011年被农业部、国家旅游局认定为"全国休闲农业与乡村旅游示范县"，同年荣膺"全国文明县城"称号；2012年被评为"国家园林县城"；2015年入围"美丽中国"十佳旅游县；2016年荣获"中国最美休闲度假旅游名县"称号；2018年被评为"四好农村路"全国示范县，同年入选中国特色农产品优势区名单；2019

年 3 月被列为第一批革命文物保护利用片区分县名单，同年成功入围文化和旅游部的首批"国家级全域旅游示范区"，为邯郸市唯一入选地区，并荣获"中国最佳国际休闲旅游名县"和"中国最美山水生态旅游名县"称号；此外，还先后荣获"中国绿色名县""中国最佳人文宜居城市"等荣誉称号。

2017 年，涉县成为邯郸市第一个单独承办旅游发展大会的县。2021 年 9 月，涉县作为主会场举行了河北省旅游发展大会。经过重新提升打造，如今的涉县，是绿的世界，花的海洋，水的源泉，云的故乡，旅游的胜地，生活的天堂，被称为"千里画廊、太行漓江"。在当地人心中，如今家乡翻天覆地的蜕变让人难以置信、欣喜不已、溢于言表。

（二）"四好农村路"发展成就

自 2014 年以来，全国各地掀起"四好农村路"建设热潮，"四好农村路"的相关政策为涉县建设农村公路指明了方向。涉县县委县政府将修建乡村公路和全域旅游、灾后重建、美丽乡村建设、农业综合开发、脱贫攻坚结合起来，与全县人民一道投身于"四好农村路"建设，重建水毁路、修通振兴路、筑起民心路，创造了涉县"667"农村公路建设模式（6 种力量修路，6 种方法融资，7 种方法保护生态），积累了农村公路建设经验，闯出了一条前所未有的路兴经济振的发展之路。

涉县地处太行深谷峭壁，在涉县县委县政府与广大群众的共同努力下，建成了穿行山间的蜿蜒长龙、建成了直通云霄的奇迹天路、建成了连村进寨的千里彩链。2017年，涉县千里乡村旅游通道引起了各级媒体的广泛关注，根据专家预计，建设长1300多华里（660公里）、宽7~9米的旅游通道的工程总量和施工难度，至少需要3~5年的时间才能完成。而涉县创新采用"667"建设模式，全民参战，15000多名干部群众只用了100天左右的时间就完成了。而之前，涉县每年修路里程仅有100多公里。

截至2020年底，全县已有2条高速公路68.4公里，2条国道、3条省道165公里，610条农村公路1365公里，实现了路路相连，总里程达到1598.4公里，助力老区交通网络破茧成蝶，实现交通新飞跃。

路通业兴、路畅民富，涉县道路的巨变，为当地人民带来了福祉。2017年，涉县东部的10个乡镇、158个村彻底告别了千年崎岖路难行的历史，人民过上了以前想都不敢想的生活。涉县道路从"弹簧路"变成了网红路、富民路，从羊肠小道变成了阳关大道、入云天路，从"走不了"变成了"走得畅""走得美"，涉县从"没人来"变成了"抢着来"，特产运出去，资金人才引进来，从原来的穷山恶水变成了金山银水，一座座荒山披上了绿装，一条条乱石滩变成了波光粼粼的水面，一片片杂草地建成了令人赏心悦目的景区，百里漳河变成百里画廊，中国太行红河谷成为全国景区最密集的区域。"高颜值"的农村公路带来了"高产值"，涉县从一个偏远山区一跃成为京津冀地区的旅游胜地，沿线群众更是走上了就地就业、就地创业、就地致富、就地幸福的康庄路，全县十几个田园综合体蓬勃发展，1万多贫困人口在家门口致富，群众的获得感、幸福感得到飞速提升（图1-1）。

图1-1 涉县"四好农村路"

"四好农村路"不仅密切了党群关系、凝聚了人心，更巩固了党在基层的执政地位。涉县通过农村公路，实现了"一路七兴"，即党建示范兴、精准扶贫兴、旅游发展兴、生态经济兴、文化体验兴、休闲养生兴、愚公精神兴。涉县"四好农村路"打通了乡村振兴大动脉，带来了人气财气，凝聚了党在基层的民心。2019年，全县共接待游客1800万人，是涉县人口的47倍，旅游综合收入达160亿元；涉县的人口数仅占河北省总人口数的0.56%，而旅游总收入则占河北省旅游总收入的1.7%。2016—2019年，全县旅游收入和接待游客人数持续增长（图1-2）。据《中国县域旅游竞争力报告2019》中显示，2019年涉县已成功跻身中国旅游百强县市。

2018年，涉县荣获"四好农村路"全国示范县称号，从道路闭塞成为全国典型。2019年，全国政协召开的推进"四好农村路"建设远程协商会，只有三个现场连线点，涉县圣福天路就是其中之一，其建设成就得到了国家领导人和政协委员们的高度赞誉。

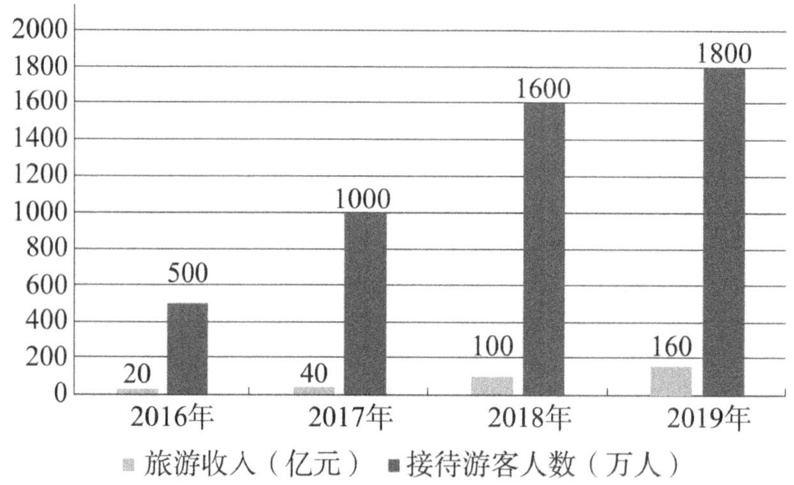

```
2000 ┤                                              1800
1800 ┤                                    1600
1600 ┤
1400 ┤
1200 ┤                          1000
1000 ┤
 800 ┤
 600 ┤      500
 400 ┤
 200 ┤  20        40        100       160
   0 ┴──────────────────────────────────────
       2016年    2017年    2018年    2019年
       ■ 旅游收入（亿元）  ■ 接待游客人数（万人）
```

图1-2 涉县2016—2019年旅游收入和接待游客人数变化情况

二、发展困境

涉县修路的基础条件不好，作为全山区县，无论是地形条件还是地质条件都相当恶劣，修路难度极大，可谓"年年想修路，年年修不成"。由于资金、技术、人员的匮乏，巧妇也难为无米之炊。交通的闭塞，直接导致涉县丰富的人文资源、自然景观、红色文化、丰富物产无法展现和流通，行路难、上学难、就医难，山区道路成为老区经济发展的桎梏。

（一）自然条件恶劣，修路难度极高

涉县是全山区县，农村公路因地势所限，径路蛇盘，不通车辙，大部分是小土路、羊肠道，且由于地形、地质条件恶劣，行路难、

案例一：河北省涉县"四好农村路"建设篇

修路更难。

1. 地形条件复杂

在新中国成立之初，人们这样形容太行之险行路之难："太行山，山连山，举头尽见奇峰峙，着足却无半步平""一公里九个弯，汽车还得老牛牵"。当时最好的道路就是一条仅宽4米的泥结碎石路邯长大道（今G309国道），清漳河上只有一座木桥，运输以马拉车为主。1991年，涉县农村公路只有300公里，其中等外路占到一半。"车在路上不是平着走，而是在河卵石上蹦着冲"是20世纪90年代涉县遭遇特大洪灾之后交通的真实写照。

山区地形复杂，地面高差大、地势变化频繁、弯急坡陡，对道路设计和施工有很大影响，公路桥梁、隧道工程量大，工程艰巨，山区公路路基挖填较大，对公路防护工程的要求也较高。现已建成的20多公里圣福天路，横跨涉县西部4个乡镇的7个行政村，重峦叠嶂，沟壑纵横，山舞银蛇，被人们誉为"当地最美旅游通道"。而这里最高海拔1290米，沿线144个弯道，转弯带上坡与下坡，多处看不到前后路程，横穿太行山巅，由于道路为8米宽双向车道，驾驶体验多是有惊无险，却足见其修建过程艰险之极。

2. 地质条件复杂

涉县境内最高海拔在辽城乡（1562.9米），最低海拔为合漳乡太仓村一带（203米）。县城旧城区平均海拔450米，新城区平均海拔505米。海拔在1000米以上的山峰有350座。从地质条件看，涉县中部被东西向断裂错断，断层面倾向西北，属正断层。近几年修建的圣福天路就处在圣寺陀断裂群和符山环状构造地段。从造价上来看,涉县山区农村公路的造价是平原区的 3 倍以上,修路的难度可想而知。很多施工单位看看都发怵,掉头就走,并流传出这样一句话"宁修平原十条路,不修涉县路一条"。

(二)建设力量不足,交通发展受阻

受一些历史原因和客观因素的影响,涉县的很多路段都需要重建,尤其是 2016 年 7 月的一场洪灾,更是把很多路冲回了原始状态。涉县的西达镇、合漳乡、关防乡等很多乡镇交通干线断交,县乡道路几乎瘫痪,当地政府和百姓们到了不得不修路的境地。不修路出行受阻,更谈不上发展,但工程量很大,道路建设面临的最大困难就是缺少劳动力。为了走出贫困,涉县很多年轻人纷纷外出务工,村里大部分是老人、小孩,导致修路缺少年轻劳动力。而且,修路技术性较强,比如垒石堰等,只有少数有经验的老辈村民能做好。面临诸多难题,涉县很多村民失去了修路的信心,滋生了"等、靠、要"的不良思想。"要想富、先修路",但修建力量不够,党员们的先锋模范带头作用也得不到充分发挥。

(三)县域经济落后,资金筹措困难

对于涉县这样一个深山区县来说,路是通行之路,更是谋生之路,群众更加期盼。涉县早在 2002 年就完成了"村村通"任务,但由于服役时间超期,很多路段都需要重建。2017 年,正值邯郸市首届旅游发展大会在涉县召开，涉县道路难承其重。县委县政府决定规划修建千里乡村旅游通道，彻底改变道路现状。当时全县仍有58个贫困村、8800多名贫困人口，地处偏僻，交通不便。要帮这些村脱贫致富，首要任务就是发展交通基础设施，筑牢脱贫致富的基础。仅靠交通一家来修要修几百公里的道路，资金就是最大拦路虎，规划、设备、技术、人员等也非常吃力。涉县要想按照党中央的要求在2020年实现脱贫奔小康，可以说是困难重重。

（四）交通基础薄弱，资源开发受阻

涉县文化底蕴深厚，资源种类丰富，生态环境优美，发展潜力巨大，但因为公路不通，交通条件受限，对外交流不便，人与物的运输都有极大的困难。这九曲羊肠、此起彼伏的山路，极大限制了资源的开发和经济社会的发展，成为制约当地经济发展、人们摆脱贫穷的桎梏。

1. 人文资源难以展现

涉县具有厚重的历史文化底蕴。据统计，涉县有120多座古寺庙，多藏于深山之中，可谓"曲径通幽处，禅房花木深"。比如，清泉寺位于涉县具有文字可考的最古老村庄之一——原曲村（史称"原村"），始建于汉代，为涉县"古八景之一"，内有康熙写的"虎"、汉代张道临写的"龙"和慈禧写的"真如自在"、王羲之写的"白鹅飞到凤池中"等书法真迹。今有诗云"清泉寺庙卧云山，碧翠悬峰峻岭巅"。此外还有静因寺、真觉寺等。王金庄、固新村等中国传统古村落，都有很多历史典故和民间传说，而且沿途飞瀑碧潭、奇峰对峙，路随山转、景随山变。但要到达这些古寺和古村落可谓费尽周折，不仅崎岖不平，而且尘土飞扬，很多羊肠小道只能步行，可谓"脚下无路，有景难至"。

2. 红色资源难以传播

涉县是老革命根据地，历来为兵家必争之地，也是中国共产党抗日战争时期至关重要的革命根据地。抗日战争时期，刘伯承、邓小平率领一二九师将士临危受命，挺进华北，运筹涉县赤岸村，浴血千里太行山。军民在此共同抗击日寇、浴血奋战、发展生产，并以此为中心创建了北方面积最大、人口最多、最巩固的晋冀鲁豫抗日根据地。一二九师司令部、晋冀鲁豫军区、中共中央北方局太行分局、太行区党委、晋冀鲁豫中央局、晋冀鲁豫边区政府、边区高等法院、交通总局、工商总局、税务总局、公安总局、冀南银行总行、朝鲜义勇军总部、新华日报社、陕北新华广播电台等130多个党、政、军、财、文等重要机关相继进驻，长期驻扎达6年之久。抗日战争胜利后，这些机关留下的星罗棋布的革命旧址成为涉县红色文化中的重要组成部分。它们传载的精神鼓舞人心，振奋精神，但因分散在涉县各个角落，公路连通性差，难以吸引人流，红色精神的传播广度受到一定影响。

3. 自然资源难以流通

涉县有丰富的矿产资源，白云石、大理石、钾矿石、铁矿石等矿产资源19种；有丰富的水资源，包括22处冷水泉；有花椒、核桃、红薯、中草药等土特产，比如郝赵村是涉县有名的优质红薯主要产地，产出的红薯个大、甜、面，用它做出来的红薯粉条细腻、劲道。但这些特色产品要想卖出大山，崎岖山路难运输，还不够来回的工夫钱。涉县地处山区，公路不通，以前出门基本靠走、运输基本靠手，好的物产运不出去而难以流通。

三、解决之道

面对这些困境，涉县县委县政府党旗引路、方向明确，广开思路、目标坚定，用四两拨千斤的聪明才智，用涉县道路一张网的系统思维，谱写了涉县"四好农村路"的新篇章。

（一）注重党建引领，树标杆强示范

涉县有着深厚的革命传统，中国共产党的初心使命激励涉县几代人赓续前行。这份红色精神，为当年抗日战争、解放战争取得胜利提供了重要保障，也为如今的农村公路建设注入了强大的精神动力。

1. 学习一二九师精神，奉献公路建设

涉县人民传承八路军一二九师不怕困难、不怕牺牲、勇于担当、勇于胜利的一二九师精神，继承当时交通总局服务群众、依靠群众的工作作风，凝练了新时代"忠诚坚忍、激情担当、创新拼搏、团结奉献、科学高效、敢打必胜"的涉县精神，这种精神为新时代涉

县的发展建设注入了强大的动力。特别是在农村公路建设中，涉县县委县政府不忘初心、牢记使命，为民造福、担当奉献，在全县党员干部中喊响了"困难面前有我们，我们前面没困难""掉皮掉肉不掉队、流血流汗不流泪""只为成功想办法、不为困难找借口"的奋进声音，既保持了为党奉献为民付出的政治高度，又建设了质量优良景色宜人的公路长度，涉县公路建设呈现出等级化、绿色化、安全化、畅通化发展趋势，形成了纵横交错、功能完善的公路大格局。

2. 推行支书专职管理，加强支部建设

农村公路强不强，要看支部"领头羊"；农村公路建与护，关键看支部。涉县县委县政府在农村公路建设中加大基层支部专业化建设，推行村党支部书记专职化管理机制，实现工作专职、能力专业、待遇专项，使其心思、精力更多投入到本村事务上，从基层推动公路建设管理和服务质量全面提升。

涉县县委大力推进高素质专业化党员队伍建设，实施支部建设项目化管理方式，提升党员的专业能力和综合素养。基层党总支注重给党员压担子、交任务，把那些有潜力、有上进心的党员放到条件艰苦、矛盾多的地方，放到重要岗位去锻炼，让党员在项目中摸爬滚打，在工地上张弛自如，充分调动农村公路建设内生动力的核心因素，以党建工作的新活力激发农村公路建设的新动能，夯实了农村公路建设的基础，锤炼了一支敢打胜仗、能打硬仗、会打巧仗的干部队伍，保障党的决策落地见效。

3. 重视宣传典型事迹，凝聚内生动力

典型事迹永远是前进的动力。涉县县委县政府注重宣传一二九师的革命事迹，鼓舞涉县人民牢记使命奋勇向前；也注重不断树立如今公路建设中的先锋事迹，激发涉县人勇当先锋、敢为人先的壮志豪情。公路人一身征衣、一桶泡面，在悬崖峭壁、沟谷河涧中书写了一个个先进典型事例，让人们感受那一场又一场征服太行山的公路鏖战。这些先进典型，凝聚了涉县人为民造福、担当奉献的前进动力，创造了涉县人开拓进取、兴路富民的发展业绩，提升了涉县人公路建设发展的创新理念。2019年6月底，涉县交通运输局荣获全国"人民满意的公务员集体"荣誉称号。这份荣誉，是这些典型事迹的缩影。

求木之长者，必固其根本。站在新的历史起点上，涉县县委主要负责人曾总结道：涉县始终把对党忠诚作为最大的政治，把党建统领作为最有力的抓手，把激情奋斗作为最现实的考验，把群众路线作为最重要的法宝，把改革创新作为最过硬的本领，把强基固本作为最坚实的支撑，把党性教育作为最基础的工程，把全面从严治党作为最大的责任，成为听党话、跟党走的火红实践地。

（二）创新工作思路，聚力量齐建设

受地理位置和一些历史原因的影响，涉县的经济不够发达，老百姓的日子过得不够富裕。穷则思变，涉县县委县政府创新工作思路，谋划全局，动员全县，用创新的头脑打通了致富的道路，改变

了现状。

农村公路作为乡村发展的先导设施，成为涉县脱贫致富工作的重点戏。涉县县委县政府充分发挥革命老区群众基础好、党组织战斗力强的优势，紧紧依靠群众，以人民为中心，以农民为主体，凝聚了六种力量修公路。

1. 群众为骨干

在涉县这样一个山区县修农村路，资金少路途长，没有群众聚力，完不成修路任务。涉县县委县政府做好顶层设计和远景规划，反复向群众宣传修路的责任和使命。在县委县政府的感召下，广大群众主动让地让房，自觉投劳投工。2017年，仅用了三个月左右的时间，就修建了千里乡村旅游大通道。要想在如此短的时间内建成如此长的道路，发动好群众参与建设是重中之重。

2. 党员为先锋

党建引领聚民心，党员模范做表率。农村公路建设任务重、时间紧、困难多，但涉县县委要求全体党员发扬后池精神、新时代涉县精神，在党旗引领下，团结带领广大群众，风餐露宿，日夜奋战，鼓足干劲向前冲，奋勇拼搏加油干，确保农村公路建设顺利推进（图1-3和图1-4）。党员们下沉到工地项目中，带头抓好工程质量，充分体现出涉县人民"功成不必有我"的担当和"功成必定有我"的勇气。

3. 村庄为主体

涉县交通运输系统铁军当愚公，修天路，在困境中拼搏，在逆境中奋发，"百日不下山，帐篷度暑寒"，2017年发动并指导10个乡镇158个村奋勇攻坚，十几条道路齐头并进，日出动人员最多时达6万多人，凭借肩扛手挑、锤凿钎撬，硬是在高山之巅、深谷之中、峭壁之上，用100多天建成全长660多公里的农村公路。

图1-3 修建圣福天路时风餐露宿

图1-4 后池村村民自发修路

4. 乡镇为主导

涉县地处太行山东麓，是邯郸市唯一的全山区县。涉县下辖17

个乡镇,有 300 多个行政村和 460 多个自然村。这些乡镇分布在近 1500 平方公里的山地中,起起伏伏,相隔很远。在农村公路建设中,必须由乡镇作主导,熟悉地势,熟悉乡情,带领群众一起修路。

5. 县里为奖补

涉县明确农村道路谁先干、谁干得好就重点支持谁,打破"吃大锅饭"的格局,做到千斤重担人人挑,人人肩上有指标。2018 年 9 月,涉县被评为"四好农村路"全国示范县。这个荣誉称号凝聚了涉县全县人民的力量和心血,引领着全县交通人向新的奋斗梦想前进。

6. 有工优先干

修路难,山区修路难上难。涉县到处都是悬崖峭壁,大型修路机械很难作业,只有靠大量群众投工投劳才能作出成果。在党员干部的感召下,广大群众自觉投劳投工,修路高峰期优先公路用工,普通群众积极参加,汇聚起合力攻坚的强大力量,完成了常人难以想象的公路修筑。

(三) 创新融资渠道,用巧法办大事

资金是农村公路发展必须要解决的难题,涉县为了解决这个难题,多方调研,多管齐下,采取了一系列行之有效的方法,保证了农村公路建设资金的需求,并用有限的资金修建了连网成片的涉县农村路。涉县在从上级争取资金的同时,充分激发市场活力,调动投资积极性,并在党员干部带头捐助下,社会和普通老百姓以捐赠财物、无偿出工出料、出让土地等形式,2017 年原本 660 多公里农

村公路预算建设费用 30 亿元左右，而政府仅出资 4 万元左右便建成通车。涉县的农村公路修建资金主要从六个方面筹措。

1. 向上争

最大限度地争取中央、省、市奖补资金，并且创新资金使用方式，把交通、水利、住建、发展改革等各类资金归口管理，捆绑使用，集中力量办大事，把有限的资金用在刀刃上。这些资金在千里乡村旅游通道建设上发挥了重要的作用。

2. 市场筹

在农村公路两侧选择有利地形建设旅游服务区、服务驿站，以拍卖和合作经营、有偿取得道路经济带经营权的方式筹资；把修路土石用于造地数千亩，既解决占补平衡，又解决部分资金；河道淤积清理出来的石子，除用于修路，还作为建材销售。多措并举，市场筹措效果显著。

3. 干部助

充分调动各乡镇、县直各单位，特别是沿线乡（镇）村的积极性、主动性，县级领导干部带头捐资助路，踊跃捐款垫资，全力以赴支持 2017 年的千里旅游通道建设。干部带了头，群众有奔头。在涉县广大干部带头捐资修路的影响下，社会上也广泛给予捐助。

4. 社会捐

多渠道筹集社会捐助也是资金来源的主要渠道。涉县各级政府发动在家乡工作和在外工作的涉县人、在涉县工作过且对老区有深厚感情的社会人士捐资捐物，涌现出了许多捐资典型，共筹集社会资金为总预算的 10% 左右。这些捐助笔笔清晰，在县委县政府的统筹下助力农村公路建设。

5. 群众投

涉县县委巩固全县群众团结奋斗的共同思想基础，强化党员和领导干部主体责任，做好宣传工作，鼓励各村群众自愿出资出物助力修路，提倡有经济条件的村加大集体投入力度，形成涉县全民共投、共建、共享的生动局面。陈家庄的路就是群众出钱出力，无论老少齐上阵修建而成，村民们无偿出让土地，甚至自己出钱找挖土机迁走近三十个坟头，并自己找新的茔地。大量群众积极捐款修路，孩子们把自己的压岁钱都捐了。2017 年修建的农村公路中，158 个村庄的群众出地出力出物出钱，折合投入为总预算的近 10%。

6. 政府奖

在农村公路建设上，县财政收入在保证必要投入的前提下，采取奖补激励机制。群众投工投劳，"谁先干先奖谁"，县乡财政共投入资金 3.75 亿元，用于乡村道路建设，这种奖补办法有效调动了镇村两级和群众的主动性和积极性，加快了修路速度，提高了修路质量。

这几种筹资方法得到了有关领导的高度认可，在农村公路建设中得到了推广。

（四）保护生态环境，依地势造景观

为解决山高路陡修路难的问题，同时为保护生态环境，涉县农村公路建设中，坚持生态优先原则，统筹规划、科学设计，最大限度保护环境,做到路与自然的和谐共生。主要坚持七项原则修筑公路。

1. 坚持"宁可路绕十丈、绝不毁树一棵"的原则

绝不乱伐一棵树,绝不减少一片绿,不得不伐的树木,也要进行移植,确保全县绿量不减。比如,乡道圣福天路在设计中为保留自然村原始风貌和各类树木,数十次改线,最终确定了一条科学合理的绕村线路,将打造国家森林矿山公园的构想与保护自然村原汁原味相结合,宁肯增加投资也要充分尊重自然,建设了一条人与自然和谐发展的新路。

2. 坚持"随坡就势、减少垫方"的原则

随坡就势,不仅对山体破坏小,而且还能就地取材。乡道云中天路等道路全部沿山脊顺势而上,尽量减少垫方,降低成本,保护资源。

3. 坚持"宁可多垒堰,也要不劈山"的原则

把修路、治河结合起来,充分利用河道石块筑路,合理利用资源,最大限度地保护山体和植被,坚决不破坏生态环境。即使需要劈山,也尽可能不用炸药,而是采取机械方法,防止山体松动。在圣福天路等道路的修建过程中,多采用这些方法。

4. 坚持"山水林田路综合治理"的原则

以路为突破口,与生态保护、地形地貌和沿线景观相结合,带动沿线山水林田资源的综合开发利用,推动农业增效、农民增收,如在

井店镇道路边精心打造了最大旱作梯田、传统石头村，在圣福天路上用石头打造了善行园等。在圣福天路西端有一个石头堆成的景点叫响石岭地质公园，一块块石头错落有致，石头房子石板路，格桑花开相映红，同时响石岭石阵以诸葛亮八阵中的鸟翔阵、龙飞阵、云垂阵三阵布局，并介绍了每个阵式在特殊环境下进攻退守的战术应用，将自然景观加以开发利用，成为"网红"打卡地（图1-5）。

图1-5 响石岭石头阵

5. 坚持"车在林中行，人在花中游"的原则

把道路建成绿廊，全面实现了"一路两沟四行树"，道路延伸到哪里，绿廊就建设到哪里，绿色成为千里旅游通道的底色。在涉县的农村道路中，处处都有林中花海的景色。

6. 坚持"宜宽则宽、宜窄则窄、个别路段曲径通幽"的原则

根据地形地势，因地制宜地控制路面宽度，打造具有山区特色的公路景观。人们总结的"圣福天路揽众山、韩王天路挨着天、云

中天路云中穿、王后天路踏山巅、盘龙天路冲霄汉"五句话，将太行天路曲径通幽的生态特点形象地展现出来。沿线的景点、路牌、观景台、休息区都充分利用了天然石料刻字标记，既环保又彰显山区特色，同时也是一道风景（图1-6）。

图1-6　道路两侧的石头标记

7. 坚持"保护和挖掘文化内涵，突出涉县地方特色"的原则

结合县域历史、文化脉络、景观文化、山水特色等地域特色，通过公路文化景观建设，营造了"快进慢出、移步换景、流连忘返"的农村公路通行环境，实现了由公路文化向文化公路的转变、由旅游公路向公路旅游的转变。

同时还变废为宝，与当地文化相结合。比如在圣福天路上有很多奇异造型点缀沿线，将废旧轮胎涂上各种颜色，在临时停车场中拼成各种有当地特色的图案，甚至可以利用废旧轮胎橡胶缓冲的特性，美化后在作为安全护栏的警示标志同时起到缓冲作用，既解决了废旧轮胎的再处理问题又保护了生态，节约了成本（图1-7和图1-8）。

图 1-7 轮胎装点的休息区

图 1-8 轮胎防护警示

在后池村还有一个世界最大的"七彩大算盘",算珠由210个废旧轮胎涂色加工而成(图1-9),不仅成为一道靓丽的风景线,还体现了老区人民充分发扬新愚公精神,以过日子的心念,精打细算勤俭节约,艰苦奋斗谋发展。

这七条公路建设中生态保护原则的运用,促使公路建设与生态保护和谐共生,是涉县县委县政府和全县人民共同智慧的结晶,是生动落实党中央政策的火红实践,是乡村振兴的具体保障。

图 1-9 轮胎大算盘

（五）打造"公路+"，提颜值重品质

推行"公路+"的建设理念，可以助力公路建设，促进乡村振兴。涉县在修建农村公路过程中，融合各方经济增长点，让路网形成经济网，从生态旅游、红色传统教育、人文精神滋养、群众出行便捷、农业资源外转、增加电商平台等方面大力提升涉县"颜值"，促进公路建设。

1. 让农村公路成为红色精神传承路

"四好农村路"建设特别注重将红色资源联结起来，让农村公路成为红色精神食粮传承的土壤。"四好农村路"将其他地区与坐落在赤岸村的一二九师陈列馆（图1-10）联结起来，并联结起涉县打造的太行颂文化园、红色记忆小镇、南艾铺红色教育馆、海拔最高的党旗等一系列红色文化景点。红色记忆小镇很有特色，是根据抗战时期涉县32处有代表性的革命旧址，按照1∶1等比例进行仿建，其中包括晋冀鲁豫边区交通总局（交通运输部前身），在该院内还设立了公路文化馆（图1-11），展现了抗日战争至今80多年不同历史时期的公路交通发展变迁，以及涉县广大党员干部群众在"四好农村路"建设中的良好精神风貌。这些红色景点成为爱国主义红色教育实践基地（图1-12）。农村公路通车后，来参观学习的各级领导、社会团体、学生等各类游客络绎不绝，仅2019年一二九师陈列馆的接待量就达236万人次。

图1-10　一二九师陈列馆

图1-11　公路文化馆

图 1-12 圣福天路上的党旗

2. 让农村公路成为人文故事宣传路

涉县自汉高祖刘邦元年代建县,有着2000多年的悠久历史,女娲文化、红色文化、民俗文化、农耕文化、根祖文化、山水文化等,文化底蕴非常丰厚。让这些美好故事传向四方,提升人民幸福生活的感受,需要涉县道路特别是农村公路建设中,主动将这些文化元素融入公路文化建设,让每条路都讲好属于自己的文化故事。涉县大力挖掘悠久文化,全县千里乡村路上镶嵌了300多处文化景点,外地游客慕名而来,让旅游公路变身公路旅游。太行梯田小米、红薯小镇、女娲祭典、清漳画廊、圣福天路等名片擦亮了,老百姓的日子富了起来。实践证明,路通人旺,路通业兴,路通天地宽。

3. 让农村公路成为群众出行幸福路

为了让涉县群众出行便利,让全国各地群众进山旅游更加便捷,涉县按照"城乡统筹、以城带乡、城乡一体、客货并举、运邮结合"的总思路,稳步推进城乡交通运输一体化建设,推进农村公路建设。盘旋在南太行的一条条乡村公路,穿梭在崇山峻岭的一辆辆绕村客车，让涉县群众有了实实在在的获得感，幸福感、安全感不断提升。

4. 让农村公路成为农业商品流通路

涉县有着丰富的农产品，被赞为"涉县三珍"的花椒、柿子、核桃深藏大山中。在农村公路建设中，涉县县委县政府以"路兴民富"的理念建路，特别注重农产品的运输功能，让农村公路连村入户，便于农民运出农业特产，也便于游客进山品味乡愁。

5. 让农村公路成为电商经济致富路

涉县紧跟新时代的科技步伐，在农村公路修建过程中，特别注重为电子商务公共服务中心、物流仓储配送中心的成立与发展打下扎实的交通基础。网络销售敞开，太行特产送出去；电商平台进来，乡亲们习惯网上购物，"工业品下乡、农产品进城"。这样的改变，是涉县科技发展的结果，也是农村公路助力乡村建设的体现。2019年，涉县"网络物流+信息平台"模式成为交通运输部首批农村物流服务品牌。

稳健实施农村公路建设项目，在建设过程中始终将建设思路融入"产业路""旅游路""致富路"的思路中，为农民增收、农业增效、农村发展注入新活力，也为县域经济发展提供了坚实的基础。

四、经验分享

（一）发挥党建引领，谋全局树模范

要充分发挥好交通运输系统各级党组织在各自领域的领导核心

和战斗堡垒作用。为保证党建引领"四好农村路"建设工作得到认真贯彻落实,涉县县委成立了党建引领推动"四好农村路"建设领导小组,工作落实到岗,责任明确到人。在2017年的"四好农村路"突击建设中,更是将党旗插在工地,将支部建在一线,在急难险重任务面前,书记乡长带头捐,党员干部抢先干,短时间内完成了几乎不可能完成的任务,党员突击队、援建队、服务队、全家连、父子兵迅速红遍各个修路工地。涉县又以道路再提升为契机,以"美丽党建"为目标,开展全域创建,把党组织优势转化为推动发展的强大动力,不断打造"党建+农家乐""党建+产业"等"富强、美丽、幸福"的党建示范村。同时,涌现出的先进事迹通过新闻媒体、政务微信、网站等多渠道进行报道,全面宣传党员先锋模范作用,引领全县群众扎扎实实做好农村公路建设,党在基层的凝聚力、战斗力显著增强。

(二)发挥政府主导,聚力量共发展

要开展好"四好农村路"建设,必须坚持政府主导、交通主责、社会参与,将交通一家的部门行为上升为政府行为,落实好县级人民政府主体责任,整合好资源,统筹推进"四好农村路"建设。在2016年洪灾后,2017年,涉县县委县政府高瞻远瞩,创新性提出了以群众为主体,修建生态路和多渠道筹资的工作思路,和乡、镇、村在农村公路上探索并积极推行享誉全国的"667"修路新机制,为全县推进乡村振兴战略开辟了新路径、奠定了坚实基础，也得到了全国"四好农村路"复核督导组的充分肯定，一致认为该经验开拓性强、适用范围广、操作性强，具有可借鉴、可复制、可推广的特点。该模式体现了集中力量办大事的制度优势，政府主导，汇集各方力量，政府、市场、社会、党员、群众多方共同努力谋求发展。《求是》杂志2020年第11期中《小康路上不让任何一地因交通而掉队》一文，引用涉县农村公路建设事例也充分证明了这一点。

（三）调动多方力量，齐努力融资金

农村县乡公路建设资金一直是困扰农村公路建设的大问题，要坚持多管齐下、多方筹集的原则，广开资金渠道，调动多方力量。涉县拓展多元化融资渠道，推行6种筹措资金的方法，有效调动了镇村两级干部和群众的主动性和积极性，党员群众齐上阵，老人小孩共建设，投工投劳、出钱出物出地，真正做到了"用巧法、动真情、花小钱、办大事"，在推进农村公路高质量发展过程中，涉县取得了超出预期的良好效果。

（四）坚持生态发展，美公路兴涉县

要坚持生态发展，把"四好农村路"主动融入农村地区的产业、环境、特色经济的大生态体系中，形成整体合力。涉县在"四好农村路"建设中，坚持对环境的保护，尽量不损坏树木、尽量少垫方不劈山、注重与环境融合发展，并充分挖掘现有自然资源、红色资

源、人文资源、农业资源等，以农村公路为依托，探索支持路衍经济发展的路径，服务乡村振兴，推动美丽乡村建设。通过修路，实现了"一路七兴"，达到了人在路上、路在景中的效果，让"四好农村路"将"点"经济连成"线"经济和"面"经济，最终形成规模经济，极大提升了涉县的"颜值"，从而为畅通城乡经济循环、促进农产品高质高效流通、农民富裕富足、乡村宜居宜业、游客宜进宜出、加快农业农村现代化提供有力支撑。

案例二：浙江省安吉县"四好农村路"管理篇

一、案例概述

（一）安吉县基本情况

安吉县地处浙江省北部，归湖州市管辖，是典型的山区县。安吉县历史悠久，建于公元185年，汉灵帝取《诗经》"安且吉兮"之意，有平安、吉祥、和谐、美丽之意。安吉县域面积1886平方公里，户籍人口46万人，常住人口60万人，下辖8镇3乡4街道。安吉县地处长三角的几何中心，是长三角经济圈的中心地，现已初步形成了"水陆空"三位一体的大交通格局。全县植被覆盖率75%，境内空气质量达到一级，水质达到二级以上，被誉为气净、水净、土净的"三净"之地。

截至2019年底，全县公路通车里程2236公里，其中高速公路59公里、国道49公里、省道119公里、县道463公里、乡道603公里、村道943公里。全年完成客运量1270万人次，同比增长5.9%；

旅客周转量4.07亿人公里，同比增长3.7%。完成货运量3831万吨，增长9.7%，其中公路2407万吨，增长18.8%，水路1424万吨，下降3%；货物周转量38.60亿吨公里，增长1.5%，其中公路12.80亿吨公里，增长2.8%，水路25.79亿吨公里，增长0.9%。全年内河港口货物吞吐量29.88万标箱。

安吉县是"绿水青山就是金山银山"理念发源地，先后获得全国首个生态县、全国首批生态文明建设试点县、国家可持续发展实验区、联合国人居奖唯一获得县、全国唯一"两山"理论实践试点县等称号。安吉县是生态经济的先行地。2001年，安吉县正式确立"生态立县"的发展战略，从建设"大都市后花园"到培育"生态旅游"，安吉县在生态发展道路上愈发游刃有余。从2004年开始，安吉县将每年的3月25日设立为"生态日"，开创了全国地方设立"生态日"的先河。自2005年提出"既要金山银山，又要绿水青山"后，安吉县在生态发展道路上进一步深化。安吉县是中国美丽乡村的发源地。自2008年起，安吉县率先实施"中国美丽乡村创建"工程，截至2020年，全县187个行政村建设覆盖面达100%。2015年5月27日，以安吉县人民政府为第一起草单位的《美丽乡村建设指南》（GB/T 32000—2015）对外发布。安吉县"四好农村路"建设获交通运输部充分肯定。2016年，交通运输部杨传堂书记和李小鹏部长共同对安吉县"四好农村路"建设作出重要批示，表示充分肯定。2017年，安吉县获评首批"四好农村路"全国示范县称号。"十九大"期间，安吉县农村公路建设成果在人民大会堂"砥砺奋进的五年"大型成就展中展出，呈现出颇多看点。2018年，全国"四好农村路"管理现场会在安吉县举行。2018年6月,世界交通运输大会在北京举行,安吉县"四好农村路"建设成果在大会上进行专题展示和交流,并向多国输出经验。

(二)"四好农村路"发展成就

"四好农村路"的跨越式发展,让安吉县从"靠山吃山""穷山恶水"变成"养山富山""绿水青山"的典范。在"四好农村路"建设方面,安吉县统筹落实,全县上下积极参与,强化组织保障,制定发展计划,落实专项资金;提质增效,建、管、养、运同步推进,推进农村公路建设提质增量,农村公路管理水平显著提升,积极拓展低碳养护的新模式,抓好农村公路运营提点扩面;创新优化,持续发力形成长效,全面优化"五级路长制",抓实农村公路质量监管,做实公路文化品牌支撑。

安吉县通乡、通村公路起步比较早,2003—2006年,累计建成康庄公路492.7公里,提前实现等级公路建制村覆盖率100%。2007年全面启动农村联网公路建设,至2015年累计建设759.9公里,基本实现通自然村公路硬化率100%。"十二五"以来,安吉县累计投入68.8亿元专项用于"美丽公路"建设,其中16.5亿元专项用于"四好农村路"建设,是全县公路发展史上投入最多、力度最大、设施最完善、受益面最广的时期,公路管养机械和体系得到优化,品牌特色逐步彰显,共管机制深度融合,品质内涵得以挖掘。截至2020年底,全县公路总里程2258.614公里,其中农村公路里程2031.483公里,占比89.9%。全县公路密度达120公里/百平方公里，农村公路密度为108公里/百平方公里，呈现出点多、面广、线长的特点。

"四好农村路"的建设有效盘活了农村资源，促进农民增收，助力乡村振兴。2015年，所有乡镇财政收入已突破1000万元，经济薄弱村全部实现脱贫。2020年全县财政总收入100.1亿元，2020年底，安吉县农村居民人均可支配收入达35699元，同比增长6.6%，这些都源于农村公路在安吉县产业带动、旅游发展等方面发挥的重要作用。近年来，安吉县立足"两山"理念实践转化，立足农村致富增收，坚持高起点、高标准、高要求推进"四好农村路"建设，打开了农村公路发展的新局面。安吉县已成功打造自然、农业、产业、文化4条精品观光带，通过连接12个乡镇和62个村，建成景观公路190公里，建设农村公路绿道132.4公里，勾勒出一幅"车在路上行，人在画中游"的画卷（图2-1）。

图2-1　金色梅灵路

二、发展困境

安吉县曾是浙江省最贫困的山区县。从20世纪80年代中后期开始，安吉县为脱贫致富走上了"工业强县"之路，矿业、造纸、化工、建材、印染等企业相继崛起，然而"村村点火、户户冒烟"的结果是，财政收入显著增加，可生态环境受到了严重破坏。如何以节能减排为导向，加快农村公路建设，以助推产业结构优化设计和发展模式的转变，对于安吉县来说至关重要。安吉县作为典型的山区县，农村公路在全县路网中的比例高达91%，虽然经过几代人的努力，安吉县农村公路有了长足的发展和进步，但在发展过程中，也遇到很多困境，如区域发展不平衡、管理体制机制不健全、信息化建设不完善等。

（一）统筹规划不够完善，顶层设计尚需加强

随着安吉县产业结构的调整与变化，农民对发展农村联网公路的呼声日益高涨。安吉县政府及安吉县交通运输管理部门加强顶层设计，统筹规划农村公路的建设，并出台相关配套政策，加快农村联网公路工程建设的步伐。但在推进的过程中，农村公路发展不够平衡、结构不够合理、分布不够均衡的问题凸显，西南片区等偏远乡村总体路况水平还不够高。

（二）体制改革不够深化，长效化机制未形成

过去的安吉县，一是乡村道管理体制机制不够健全，乡镇交通管理人员机构编制政策保障缺失，乡镇一级项目保障政策有待完善；二是财政资金保障不足，县财政资金用于农村公路项目补助占总建

设费用比例的 30% 左右，低于周边县区水平；三是农村公路养护市场化改革滞后，群众和企业的养护积极性不高；四是基层养护专业化水平较低，养护设备机械化水平较低，专业化设备远远不能满足实际需求；五是公路养护管理以简单的清扫垃圾、保洁为主，管理较粗放，路面日常保洁、设施安全维护等工作往往不能及时跟进，难以做到有效有质管理；六是村民的出行和生活环境较差，道路设施养护、监理单位的督查监管力度不够，未形成有效的考核机制，难以实现公路设施的全覆盖、分层级管理等。因此，为落实每条农村公路各路段养护和管理，亟须深化农村公路管理养护体制改革，建立管理养护长效机制，推进改善乡村环境，提升乡村颜值，增强村民获得感和满意度。

（三）治理体系不够健全，管理水平有待提高

曾经的安吉县，一是农村公路绿化不到位，绿化带打造水平较低；二是违法设置非公路标志标牌、乱拉乱挂横幅标语、随意张贴宣传广告等行为频发，严重影响交通安全和路容路貌；三是穿村路段违法建筑、占用公路的摆摊设点、乱摆乱放现象时常可见；四是巡查力度不够，未及时制止乱搭乱建、乱推乱放等现象；五是路面车辆超限超载行为频发，不仅破坏路面结构，大大缩短公路使用寿命，并且极易引发交通事故，损害人民群众的生命财产安全；六是信息化覆盖不全，智能路况分析、无人巡线等先进技术应用不够深。因此，亟须强化安吉县农村公路治理体系，提升治理能力和管理水

平，推动"四好农村路"高质量发展。

（四）宣传引导不够到位，爱路护路意识淡薄

由于相关部门政策宣传不到位，村民缺少爱路护路意识，认为建路、养路、管路是政府应该承担的责任，与老百姓没有任何关系，修好的公路不珍惜，都是各扫门前雪的心态，导致农村公路脏乱差现象严重。一是村民爱路护路思想认识不到位，对于运输矿产、施工材料、从事农业生产等造成的农村公路路面污染，老百姓并不清理，使得路面污染严重；二是村民的行为缺乏约束，缺乏相关执法部门的监管，超限超载车辆较多，同时利用农村公路摆摊设点、打场晒粮、堆放杂物或施工材料、路边停车，甚至为了自家利益在公路上私自开挖、违法建筑、乱设标志牌；三是车窗抛物现象屡见不鲜，不仅破坏农村公路的路面整洁，更为公众出行带来安全隐患。

三、解决之道

在"两山"理念的引领下，安吉县持续多年坚持高起点、高标准、高要求推进"四好农村路"建设，全力加快农村公路网络体系建设，重点推进断头路、瓶颈路、等外路建设和公路提质升级，不断深化健全管养体制机制，在全省率先推出"五级路长制"，并纵深推进公路文化建设，打开了农村公路发展的新局面。"四好农村路"的建设不仅聚起了人气、财气，更聚起了民心，对于乡村振兴战略

的实施具有重要意义。

（一）规划为先，推进农村联网公路建设

在省委省政府的领导下，安吉县以规划为先，制定出台了一系列政策。2015年，国家标准《美丽乡村建设指南》（GB/T 32000—2015）发布，安吉县人民政府是第一起草单位。从2015年开始，安吉县相继出台了《安吉县人民政府办公室关于加快推进农村公路改造提升工程的实施意见》《安吉县美丽公路管理办法》《安吉县美丽经济交通走廊建设方案》《安吉县"四好农村路"十三五发展规划》《关于高水平建设"四好农村路"三年提升行动计划（2018—2020）》等，切实把"四好农村路"工作上升为全县社会经济发展的战略性、方向性、框架性支撑工作。

安吉县突出特色，构建浑然一体的路域景观，建设新时期的"四好农村路"，并结合中国"美丽乡村"建设，全面启动农村联网公路建设，将民生工程好事做好、好事做实。2003—2005年，共建设乡村康庄工程321.1公里，实现全县行政村通硬化公路；2007—2020年，建设农村联网公路845.5公里，实现村村相连，路路相通目标；2015—2020年，建设农村公路改造提升586公里，农村公路等级得到进一步提升。"十三五"期间，安吉县累计投入49.5亿元专项用于"四好农村路"建设与养护，行政村公路通达率达100%，联网工程建设里程总数居全市第一，有效盘活了农村资源。

"农村联网公路"联通了致富路，也走出了安吉县交通的"两

山之路"。此前，安吉县良朋镇溪港村与西亩村之间的公路未联网，跨村出行，需绕行较远，十分不便。2011年农村联网公路实施过程中，全长1.6公里的安吉溪港村至西亩村联网路工程正式完工，公路将两个美丽乡村联结在一起，极大地方便了两村村民的往来。

享受农村联网公路工程便利的远不止溪港村，农村联网公路的建设，提升了沿线乡村区位优势，改善了农村招商引资条件，拉动了土地的大幅升值，尤其是带动了农村旅游资源的开发和农业产业的发展，从而促进了农村经济的发展和繁荣。

（二）政策引领，助推农村公路提质升级

围绕安吉县高水平建设"四好农村路"部署要求，县交通运输部门不断推进农村路网提档升级。2015年安吉县出台《农村公路改造提升奖励补助办法》，进一步提升乡镇、村抓实农村公路改造提升的动力。2019年安吉县交通运输部门编制完成了《安吉县全面实施西南片区农村公路提升五年行动计划（2019—2023）》，计划用5年时间，投入10亿元，改造提升西南片区农村公路100公里，即农村路网"511"交通提升工程。安吉县交通运输部门立足自身特点，启动安吉公路提标、提质、提速工作，全方位实现县域范围内农村公路管养工作的提档升级，助力全域标准化美丽公路打造。

1. 集约用地，提升标准

安吉县交通运输部门深入贯彻落实浙江省交通运输厅、浙江省

国土资源厅《关于规范农村道路改造提升用地管理的通知》文件精神，针对农村公路路面宽度在 6 米以内（路基 8 米以内）的建设用地，集约节约用地，有效解决农村公路建设的土地资源问题，科学制定农村道路改造提升方案。持续提升农村公路等级，全面消除准四级公路，双车道以上公路比例提升至 35%，同时制定《安吉县平原圩区农村公路提升实施意见》，改造提升平原圩区农村公路 150 公里以上，实施平原圩区农村公路大中修 100 公里，大力改善平原圩区群众出行条件。

2. 做优创新，提升质量

为全面提升省级"美丽公路示范县"建设的档次和品位，安吉县坚持高起点、高标准实现了农村公路增量提质。致力打造道路两侧的绿色长廊。近年来安吉县每年安排 2000 万元专项资金用于美丽乡村建设的公路改造提升，2015 年专项投入 6000 万元对青山至余村道路沿线绿化景观实施提升，有力打造了"两山"论坛的绿色交通氛围。全面开展农村公路标志标线提升提质工程。对技术等级达到四级公路及以上的全县所有县、乡、村道路，完善交通标志标线，助力美丽乡村建设。提升公路服务能力。加大农村公路驿站建设服务，设置港湾式停靠站与学生上下车点充分结合，真正实现公路服务网状化（图 2-2）。打造农村路网安全体系。为最大限度保障农村公路通行安全，全县农村公路安保设施覆盖率达到 100%。构建"一中心三分中心"的公路应急抢险网络，建成全省首个县级交通战备物资仓库，成立路网监控与应急处置指挥中心，对县域 600 多公里农村公路实施24小时监控。对全县农村公路桥梁组织全面定期检查。农村公路桥梁定检率100%，最大限度保障通行安全。

图2-2　彭湖公路驿站

3. 保证畅达，提升车速

安吉县持续构建"内畅外联"交通格局，着眼长远，瞻前规划，打通了群众出行的"最后一公里"。为确保县内农村公路的实际行车速度"达标"，县交通运输部门保留必要主干道岔口，合并零星岔口，封闭不必要岔口，并严格把关新岔口的审批，同时实施交叉口改造、限速标志改造、指路体系改造和信号系统改造等，以提高通行效率。

（三）多措并举，深入推进养管体制改革

安吉县因地制宜制定了切实有效的农村公路管理养护政策，进一步强化资金保障，并加大设备人员投入，采取本地化的多元养护模式，深化农村公路管理养护体制改革，建立健全农村公路管理养护体制机制。

1. 依托政策支撑，有序开展管养工作

2008年11月，安吉县人民政府办公室印发了安吉县农村公路养护管理办法的通知，对农村公路管理养护体制、资金筹措、养护管理细则、路政管理等进行明确说明。2010年，安吉县人民政府办公室印发了《安吉县农村公路管理养护考核细则（试行）》，进一步加强了安吉县农村公路管理养护工作，保证农村公路管理养护工作责任落实。2015年10月，安吉县出台《关于加快推进农村公路改造提升工程的实施意见》（以下简称《实施意见》），对农村公路实施内容、技术要求、保障措施等均作了明确规定，将农村公路改造提升工程划分为6个类别，即：拓宽至四级双车道且全路面加铺结构层；拓宽至四级双车道仅拓宽部分加铺结构层；拓宽至5米以上且全路面加铺结构层；拓宽至5米以上仅拓宽部分加铺结构层；加设错车道且包含弯道改善及路肩硬化。《实施意见》进一步推动了农村公路改造提升工作，促进了农村公路在统筹城乡、服务"三农"、保障民生等方面的基础性、先导性作用。

2. 强化资金保障，提高管养工作质量

安吉县依据出台的政策严格开展农村公路管理养护资金筹集和使用，进一步强化了资金保障，并深化养护管理工作考核，提升养护工作开展的积极性。按照《实施意见》，对不同类别农村公路改造提升工程分别给予50、36、45、30、21、16万元/公里标准的奖励补助；并且根据2015年出台的《安吉县农村公路养护管理办法》和《安吉县农村公路管理养护考核细则》要求，安吉县每年终对各乡镇

（街道）农村公路养护管理工作进行考核，考核内容包括：农村公路综合管理、计划管理、资金管理、养护管理、路政管理及养护专项工程等。经考核小组综合打分评定，获一、二、三等奖乡镇的养护经费分别上浮30%、20%、10%。该项举措大大提高了乡镇公路的养护质量。

3. 加大设备人员投入，提升专业水平

安吉县加大硬件设施投入，购置了各类办公设备、日常养护装备与抢险物资设备，大大提升了乡镇农养站的现代化水平，实现了乡镇农养站必要抢养设备全配备；全面实施农养站派驻指导员制度，到农村公路一线进行"一对一"的专业服务，通过"手把手"的业务指导，积极发挥"传、帮、带"作用，切实提升了农养站的养护外业作业专业化水平和内业台账管理规范化水平，培养了一批具有专业化水平的养护技术人员。制度实施以来，已累计向乡镇农养站派出指导员7批共14人，精准帮扶8个基层农养站，受到乡镇的欢迎。

4. 构建多样化模式，提升本地化水平

安吉县创新构建多样性、本地化的养护模式，农村公路管养模式向多元化发展。一是"专业养护"模式，县道日常养护由县公路部门进行专业养护；二是"承包+考核"模式，采取农养站与养护共签订承包协议的方式，由管养站开展考核；三是"专业+村补助"模式，采用招投标形式选择乡道养护企业，村道由村自主养护、乡镇补助；四是"一站+多组"模式，成立以村为单元的养护小组，实行一站多组式的养护模式。多种养护模式最大限度地发挥各区域的地方优势,实现"有路必养、养必到位"(图2-3)。

图2-3 农村公路养护外业作业图

(四)健全机制,率先推动实施"路长制"

从"三级路长制"到"五级路长制",安吉县加强公路环境综合治理,实现公路洁化、美化、绿化,提高公路及时管护力度,延长公路使用寿命,提升公路服务能力,提高依法管理水平,最大限度地保护公路建设成果。

1. 率先实行"路长制"提升管养水平

2014年4月,由安吉县交通运输局组织有关技术专家对全县4条省道、28条重要县道公路沿线环境、公路控制区建筑物、桥梁、隧道全面排查摸底后,结合"山青水净"三年行动,创新举措,率先在全国建立了公路"一路一档",实行责任到人的"三级路长制"。

"一级路长"由安吉县交通运输局领导班子成员担任,每月至少对责任路段进行1次检查,对公路养护管理情况提出意见及建议;"二级路长"由交通运输局中层干部担任,每周至少对责任路段进行1次检查,检查情况及时反馈三级路长并督促整改;"三级路长"由基层养护站长及路政中队长担任,每周至少5次进行路政养护路况巡查,发现问题及时处理,如遇一时难以处理的情况及时向二级路长汇报。与此同时,安吉县交通运输局还将"三级路长制"延伸到农村公路养护体系,乡村道也全面推行由乡镇长、乡镇中层干部(或农村公路专管员)、村主任分别担任一、二、三级路长的办法。试行一段时间后,全县公路养护质量和管理水平有了明显提升,路容路貌得到有效改善。

为进一步提高公路及沿线环境长效管理的工作力度,推动"路长制"由行业行为向政府行为转变,2015年,安吉县在全省率先推出"五级路长制",对全域公路实行全范围监管。即从2015年10月开始,安吉县政府结合全县"三改一拆"(即:改造旧住宅区、旧厂区、城中村,拆除违法建筑)、"两路两侧"及"无违建县"整治工作的开展,由县政府发文,正式建立按公路等级和公路所在地相结合的"五级路长制",对全县境内1条高速公路、4条省道、10条环城道路、24条县道进行"路长制"共建管理,组成"五长共管"体系,覆盖全县范围内的所有公路。"路长"作为所负责公路环境治理的第一责任人,负责组织公路沿线乡镇制定"一路一策"治理方案,推动公路绿化、公路保洁、公路整治等路域环境综合提升工作,

案例二：浙江省安吉县"四好农村路"管理篇

以及协调处理公路环境治理重大问题。

"五级路长制"由县领导担任"县级路长"，沿线乡镇长担任"乡镇路长"，派出所所长担任"警务路长"，路政中队长担任"巡查路长"，沿线行政村领导担任"村级路长"。各级路长职责分工明确，并且上一级"路长"监督、指导、审定下一级"路长"工作。

县级路长负责统筹引领、全面部署定期组织镇、村路长、警务路长及相关部门开展公路巡查，每月召开推进会，强化组织管理。乡镇路长负责贯彻落实、全面推进，带领乡镇（街道）、责任部门每月不少于2次开展公路巡查、问题摸排，健全工作台账，结合美丽乡村长效管理加强公路环境常态监管。村级路长负责应对突发事件并及时进行处置。路政中队长担任巡查路长，要定期开展排查。由公安派出所所长担任的警务路长，负责对责任公路乱搭乱建、乱堆乱放等情况进行严格查处、全程跟进。形成县级路长统筹引领、乡镇路长落实推进、公路警长执法查处、巡查路长常态监督、村级路长应急联动机制，由行业行为提升为政府行动，建立了责任明晰、制度健全、挂图作战、运转高效的协同体系，共同对县域农村公路实行全范围监管。

此外，安吉县印发了"路长制"工作笔记，制作了安吉县"路长制"五长共建作战图，并在公路旁设置了44块公示牌，为全面改善美丽公路综合环境，延伸拓展美丽公路的内涵，促进经济社会与生态保护协调发展奠定支撑（图2-4）。

图 2-4 安吉县"路长制"公示牌

2. 建立考核机制，推动管养运转高效

安吉县建立"五级路长制"长效考核机制，对发现的问题实施"逐一销号制"。例如，2016 年初，通过摸排，安吉县确定了 477 个整治点，落实到各乡镇、部门，整治一个点，销号一个点，以此推进考核。截至 2016 年底，全县共完成问题整治点 533 个，并对公路整治工作成绩突出、成效明显的"路长"给予表彰，对考核不合格、整改不力的"路长"，实行行政约谈、通报批评。注重县督查办、县纪委、县"三改一拆"办等部门通过定期、不定期的走访、巡查、踏看等活动，每半月下发督查整改通报；县主要媒体发起"寻找视觉污染公路"等大型新闻曝光行动，每周刊发公路环境状况报道，将责任乡镇、联系部门、联系乡镇县领导捆绑曝光，全程监督乡镇、部门公路环境整改工作推进情况和成效；此外注重接受群众监督。

3. 实施成效显著，延伸美丽公路活力

实施"五级路长制"以来，安吉县顺利通过省市"两路两侧"

"无违建县"考核，公路环境基本实现"九无"，即：无明显垃圾、无乱采乱挖、无乱搭乱建、无乱堆乱放、无黑臭河垃圾河、无违法广告、无绿化缺失、无违法宗教场所、无青山白化现象。公路环境整洁度、美化度有了大幅提升，安吉县路域环境显著改观。通过"美丽公路"创建活动驱动，通过"五长共管"体系护航，安吉县的魅力通过山涛竹海间的美丽公路不断延伸。

（五）加强整治，提升治理体系管理效能

按照"美丽公路"要求，安吉县大力进行全方位整治，明显提升了农村公路治理能力。一是加大穿镇公路路域环境整治力度，充分利用花卉、灌木和乔木的结合绿化公路，深化提升穿镇公路路域环境整治。二是开展专项整治行动，开展对乱停车、乱堆物、乱摆摊、乱开挖、乱建筑、乱竖牌等行为的专项整治行动，规范设置道路沿线标志牌，建设公路服务站，加强公路建筑控制区管控，实现路田分家、路宅分家。三是加大违建拆除力度，认真组织开展以"三改一拆"专项整治为重点的省道、重要县道公路、城乡接合部道路路域环境整治工作。截至2018年3月，公路两侧绿化率、站场地硬化率、店铺立面改造率、沿线路口接坡硬化率已实现"四个100%"目标，农村公路保洁频率较以往提升30%，公路扬尘率、垃圾泄漏率分别下降了55%和40%，路域环境质量大幅提升。四是开展行业管理数字化改革，探索现场作业机械化发展，提升行业管理的效能和水平。

（六）注重文化，铸造农村公路内在灵魂

安吉县在"两山"理念引领下，在省委省政府正确领导下，深挖文化底蕴，从引导全社会积极参与爱路护路，到赋予公路更多的服务功能，再到挖掘公路文化内涵，不断打造公路文化品牌，兴文化强品牌筑路魂，不断提升安吉县的吸引力。

安吉县深挖文化底蕴，用好用活关隘、驿站、古桥、古道等公路文化遗产，从引导全社会积极参与爱路护路，到赋予农村公路更多服务功能，再到挖掘公路文化内涵，不断打造公路文化品牌，兴文化强品牌筑路魂，提升安吉吸引力。

1. "5·26爱路日"，激发全民爱路护路

2014年，安吉县交通运输主管部门全国首创"5·26爱路日"文化宣传日（谐音是"我爱路"），旨在形成"路为人人，人人护路"的良好社会氛围，凸显"开放、共享"内核。最初以"5·26爱路日"文化品牌为载体，激发了全社会爱路护路的热情和积极性，之后也不断持续深化该文化品牌。"5·26爱路日"与"美丽公路"和"四好农村路"建设相结合，打造了一大批生态公路样本；与乡村旅游、体育赛事、绿色交通相结合，为县域大景区建设增添了更多的外在魅力。至2021年，安吉县已成功举办8次"5·26爱路日"活动，通过举办公路开放日、公路文化电影节等一系列特色活动，以及"拒车窗抛物，护公路美丽""寻美揭丑随手拍"（领行车记录仪，拍摄车窗抛物等陋习，并在公共场合播放，警示大家爱路护

案例二：浙江省安吉县"四好农村路"管理篇

路）、"美丽公路行"（了解公路的前世今生）、"苕溪问桥"等大型新闻公益行动，共同抵制交通陋习，倡导文明出行的良好风尚，形成全社会懂路、爱路、护路的共识。

2016年，安吉县人大已将"5·26爱路日"确定为全县固定宣传日，是全县唯一一个源于行业、走出行业、政府引导的法定宣传日，爱路护路从交通人的自觉行为转变为政府行为。2017年，浙江省交通运输厅在全省推广"5·26爱路日"文化品牌，举办浙江省首届公路文化高峰论坛，进一步凸显公路文化在助推"四好农村路"建设中的意义和价值，逐步把理论成果转化成为公路文化下一步具体发展的操作指南，助推安吉县成为公路文化建设的示范地。

同时，"5·26爱路日"不仅是公路的爱路日，更推广为铁路、水路的爱路日，再次把政府行为提升为全社会行为。近年来，"5·26爱路日"的文化内涵不断深化，自2018年以来，每年开展"5·26爱路日"主题党日活动，把"美丽党建"植入公路文化建设体系，进一步推进交通基础设施建设、党员队伍建设和行业品牌的提升。

依托浙江省交通运输厅的支持，2017年"5·26爱路日"已被推向全省。同时，安吉县通过建立广泛的宣传渠道，在机关、企业、学校、社区、乡村、农户等多个层面开展宣传推广，营造了极具创新意义的"互动式"文化环境，逐步形成了全社会爱路护路的良好格局。2018年5月，安吉县与浙江大学合作完成了《安吉公路文化研究报告》，为我国公路文化建设提供了理论和实践上的启示。"5·26爱路日"已经成为浙江交通的一张文化名片（图2-5）。

图 2-5 目莲坞村爱路护路三字歌

2. 创建公路文化展示馆,弘扬交通精神

为了赋予农村公路更多的服务功能,2015 年 5 月 26 日,安吉县建成全省首个公路文化展示馆。这是集"历史、文化、教育"为一体的多功能公路桥梁主题文化展示场,以承载公路发展历程、展示地域文化特色、讴歌铺路人风采、弘扬时代创新精神为主要任务,系统展示安吉公路发展对当地社会、经济、人文、环境所产生的重大影响,通过各种艺术形式将公路文化具体呈现,不仅再现了安吉县从人马驿站、古道关隘到现代化高速公路的历史变迁,讲述了许多不为人知的公路故事,更是谱写了公路建设者披荆斩棘、开拓创新的生命壮歌,为公路注入多彩的文化内涵与时代意义。这里是爱国、爱路、爱岗教育基地,自开放以来,已累计接待参观者 2 万多人,让农村公路的服务功能充分体现。

安吉公路文化展示馆是由一处旧民房改造而成,总占地面积约 2600 平方米。在地点的选择上,安吉县特意将公路文化展示馆建在大山里,在全国重点文物保护单位古驿道和独松关遗址附近。这条杭宣古驿道是古代的"国道",独松关被列为"中华十大古关"之一,是南宋都城临安(今杭州)抗击北方金兵的重要关隘,南宋爱国诗人文天祥的千古名句"人生自古谁无死,留取丹心照汗青"就留于此地。游客漫步古时驿道,可以倾听山泉水声,追踪溯源公路的历史。

3. 深挖文化内涵韵味,提高旅游吸引力

在旅游开发方面,安吉县不断挖掘"美丽公路+文化"的内涵韵味,打好文化牌,处处体现深厚的文化底蕴。

安吉县具有深厚的"邮驿文化",所以安吉县将普通公路服务站取名为"公路驿站",既与"邮驿文化"深度契合,又是对安吉县地方文化的传承和发扬。安吉县公路驿站建设注重与旅游公路的衔接、贯通,优化绿道步行系统,部署农村公路无障碍指引系统600多套,并在公路驿站建设过程中,深入挖掘文化内涵。安吉县围绕"使公路网络更加完善、路域环境更加美丽、公众出行更加便利、服务举措更加丰富"的创建目标,以"美丽公路"为纽带,全面推进普通公路服务站(点)建设,深度融合"美丽公路+"延伸服务,特别加快农村公路驿站建设,让道路使用者可以享受到如高速公路上一样的公路服务和体验,有效提升了农村公路服务能力,成功解决了农村公路没有一站式服务区的问题。至"十三五"期末,全县已建成农村公路驿站30个(图2-6)。

安吉县还深挖"邮驿文化"的精髓,与"四好农村路"相结合,开启"传承邮驿、寻梦递铺"等不同主题的邮驿文化节,举办百位媒体和摄影人"重走千年古驿道、千年古村落"的采风、"古驿新歌"文化下乡、趣味体育赛事等活动,让"邮驿文化"在安吉县发扬光大。同时村民参与其中集体策划创作节目,可以领略千年驿站的悠远风情和美丽乡村的时代魅力,更可以从活动中增加对农村公路的感情,增强爱路护路的意识(图2-7)。

图2-6 磁五仓农村公路驿站

图2-7 安吉公路文化电影节

"四好农村路"极大带动了安吉县旅游业的蓬勃发展,不仅安吉县的农村公路体现深厚的文化底蕴,安吉县的民宿也是洋溢着浓浓的文化氛围。比如"小瘾半日村"原名"横山坞艺术民宿村",是一个以改造现有民居文化为基础，集高端休闲旅游、艺术文化创意于一体的综合社区，"村主任"（创始人）曾获得联合国教科文组织亚太文化遗产保护奖。"小瘾半日村"民宿部落总面积为 10 万平方米，共规划建筑 71 幢。目前，第一期已投入使用，2019 年底已有 10 家民宿运营。项目整体计划三年内完成改建并整体投入运营。"小瘾半日村"民宿村落已成为农村公路强村富民的典型。

四、经验分享

（一）政府高度重视，成就发展蓝图

"四好农村路"的发展关键在于政府重视，将"四好农村路"从行业工作上升为社会经济发展的战略性、方向性、框架性支撑工作。历届浙江省委省政府始终践行"两山"理论，坚持"一张蓝图绘到底"，在"四好农村路"方面，举全省之力大抓农村公路建、管、养、运一体化发展，率先实现农村公路"村村通"、建制村客车"村村通"，并要求结合乡村振兴和美丽乡村建设，进一步提升"四好农村路"建设水平。多年来，安吉县委县政府一直按照省委省政府的蓝图，开展农村公路相关工作。安吉县根据产业结构、区域特色、文化主题、发展导向等要素，将"四好农村路"发展纳入美丽乡村规划、建设、提升、考评体系，推动农村公路建设与环境、经济、文化融合发展。无论是"五级路长制"还是"5·26 爱路日"，都已将部门行为上升到政府行为，形成了政府主导、行业主推、全民参与的良好氛

围，爱路护路从交通人的自觉行为转变为全社会的共同意识。

（二）注重规划引领，加快产业融合

安吉县将"四好农村路"建设定位为全县经济社会发展的重要战略之一，在实施中，以规划为引领，完善乡镇（街道）城乡公路网结构，提升公路安全保障能力，提高农村公路通达水平。此外，还因地制宜打造美丽农村自然风景走廊，带动乡村旅游、商贸物流、农业开发，促进农民增收、推进新农村建设，推动"绿水青山"美丽资源向"金山银山"经济效益转化，为安吉县的美丽乡村聚人气、集财气、聚民心。

（三）注重因地制宜，坚持生态发展

安吉县在农村公路规划建设、养护、管理方面，坚持因地制宜、以人为本的原则，营造和谐舒适的农村公路环境。因地制宜灵活运用技术指标，防止片面追求"高指标、长直线"，做到与自然环境的和谐统一，确保取弃土场地绿化美化到位。充分考虑道路使用者的舒适安全。坚持周期性养护，良性循环，提升公路行驶质量和舒适度，全线标志标线清晰，公路通行与保障能力满足安全便捷出行需求。注重生态和谐之美。确保公路沿线无违章建筑与违法广告，坚持自然性、多样性和乡土性，宜乔则乔、宜灌则灌、宜草则草，不追求人工景观与名贵树种，营造疏密相间、封闭与通透相结合的绿化景观。

（四）创新管理模式，构建长效机制

安吉县率先创新实施"五级路长制"管理模式，形成了切实有效的考核管理机制。一方面推动"路长制"由行业行为上升为政府行为，建立县级—乡镇—警务—巡查—村级"五级路长制"，并且建立起严格的内部管理监督体制。上一级"路长"监督、指导下一级"路长"的工作，并审定、约谈下一级"路长"的考评结果。另一方面，制定专门"路长制"考核管理办法。对"五级路长"实施与领导干部、与乡镇年度考核、与联系部门考核"三挂钩"制度，并采用定期考核、日常抽查和社会监督相结合的方式，通过"销号制"对"路长"进行考核。安吉县全程公开路长信息、治理目标、整治任务和完成时限等，接受政府、舆论和群众三方监督。

（五）弘扬公路文化，引导全民参与

安吉县深挖文化底蕴，引导全社会打造弘扬公路文化。一方面采用爱路推广日、文化展馆、公益行动、特色活动等多类活动形式，加强公路文化宣传，弘扬文化内涵，抵制交通陋习，倡导文明出行的良好风尚。同时，将公路文化宣传由行业行为上升为政府行为，又提升至全社会行为，引导全民参与，形成全社会懂路、爱路、护路的共识。另一方面，加大乡村旅游和艺术民宿开发，创建公路驿站，深入挖掘"美丽公路＋文化"的内涵韵味，打造公路文化品牌，注入公路时代意义，延伸"美丽公路＋"服务能力，助推安吉县"四好农村路"良好发展态势。

案例三：贵州省盘州市"四好农村路"养护篇

一、案例概述

（一）盘州市基本情况

盘州市地处滇黔桂三省区接合部，素有"黔滇咽喉"之称，它是贵州的西大门，位于六盘水西南部，全域面积4056平方公里，下辖27个乡（镇、街道）、506个村（居），聚居着汉、彝、苗、白、回等29个民族，人口120万。

这是一方风光秀丽的山川水土，冬无严寒、夏无酷暑，年平均气温15.2摄氏度，空气质量优良天数比达97.2%。自然风光旖旎，集险、奇、秀于一体，"世界古银杏之乡"之名享誉全球，境内瀑布、溶洞、峡谷、森林、湖泊、温泉比比皆是。这是一座矿产资源富集之都，现已探明的矿产有煤、铁、铜、铅、锌、硅砂、黄金、天然气等23种，其中煤炭资源以储量大、煤种全、质量优、易开采等特点著称，是贵州省乃至全国的重点产煤县（市）和"黔电送粤"重要电源点,"西南煤海"的美誉名扬全国。这是一座独具魅力的文化观园,"竹海大洞古人类遗址"扬名中外;誉为佛教八小名山的"丹霞山"孤峰耸立;《徐霞客游记》里记载的"碧云洞"以奇特的洞内洞外景观吸引着八方游客;历经600多年历史洗礼的"双凤古城"独具魅力;流连其间,触摸远古印记,传承时代底蕴。这是一座民族风情浓郁之城,盘州市是贵州省少数民族聚居最多的地区之一,"29个民族29朵花","海马舞""羊皮鼓舞""耍马舞""芦笙舞"等民间舞蹈,深受国内外人士青睐;五彩缤纷的服饰、悦耳动听的歌声、瑞彩蹁跹的舞蹈让人目不暇接,流连忘返。这是一张红色文化的闪亮名片,这里有入选全国爱国主义教育示范基地的红二、六军团"盘县会议会址"、六枝特区郎岱镇"三·三暴动"烈士陵园,置身其间,聆听历史回声,感悟红色力量;这里是"三变"改革的发源地,"资源变资产、资金变股金、农民变股东","三变"率先在乌蒙山区结出硕果,"三变"改革绿了荒坡、富了人民(图3-1)。

图3-1 盘州"三变"改革发源地

盘州市境内有沪昆高速铁路，沪昆高速公路、水兴高速公路、南昆铁路，水红铁路（含盘西支线）、G320 国道、G246 国道、S314 省道、S317 省道、S318 省道、S217 省道、S218 省道等形成高效的补充路网，随着支线机场、水盘兴城际铁路的规划建设，形成了辐射东盟、成渝、珠三角等地区的综合交通体系，为盘州东进贵阳、西出昆明、北上川渝、南下两广提供了便捷的交通条件。

截至 2020 年底，盘州市公路通车里程为 6800 公里（未含农村"组组通"硬化路 2864 公里），其中高速公路 174 公里，国道 242 公里，省道 578 公里，县道 1255 公里，乡道 1780 公里，村道 2771 公里，形成以高速公路和国省道为主骨架的"五横四纵"交通路网布局，实现"红果主城区域 30 分钟、县域 60 分钟、周边节点城市 90 分钟经济时速圈"目标，群众出行更加便利，带动了乡村农业产业发展，为盘州市脱贫攻坚与乡村振兴的有效衔接、促进经济社会发展打下了坚实的交通基础。全年公路客运量 1218 万人次，旅客周转量 64554 万人公里；公路货运量 4708 万吨，货物周转量 536712 万吨公里；行政村客运班线通达率实现 100%。

近年来，盘州市屡获殊荣。2018 年入选全国综合实力百强县、全国投资潜力百强县市、全国绿色发展百强县市、全国科技创新百强县、全国幸福百县榜、全国县域经济综合竞争力 100 强；2019 年入选中国百强县、首批国家全域旅游示范区、全国科技创新百强县市、全国新型城镇化质量百强县市、"四好农村路"全国示范

案例三：贵州省盘州市"四好农村路"养护篇

县；2020年入选中国夏季休闲百佳县市榜单、全国百强县、中国净水百佳县市、全国县域旅游综合实力百强县、中国西部百强县市。

（二）"四好农村路"发展成就

近年来，盘州市委市政府认真贯彻落实习近平总书记关于"四好农村路"的重要指示批示精神，抢抓贵州省基础设施"六网会战"机遇，紧紧围绕创建国家级"四好农村路"示范县的目标，突出建、管、养、运协调发展，截至2020年下半年盘州市全市累计投入农村公路建设资金114亿元，建成农村公路5482公里、"组组通"硬化路2864公里，农村公路路网密度达206.2公里/百平方公里，全面疏通了农村经济发展"毛细血管"，"四好农村路"成为乡村振兴、脱贫攻坚、旅游发展的强大"引擎"，并于2018年成功创建省级"四好农村路"示范县，2019年成功创建"四好农村路"全国示范县。

在"组组通"工程中，盘州市将农村"组组通"硬化路与脱贫攻坚、乡村振兴、全域旅游示范区创建等工作深度融合，创新"交通+"融合发展模式。交通+农业，促产业发展。按照"规划变项目，项目变计划，计划变目标"的要求，加快推进产业路建设。借力农村"组组通"硬化路，娘娘山、沙淤等11个农业产业园区蒸蒸日上，132万亩刺梨、茶叶、软籽石榴等特色农业产业因路而兴，人民小酒、盘县火腿、民族服饰等盘货走出大山，走向全国，特别是人民小酒、盘县火腿得到习近平总书记高度关注。交通+旅游，促路景融合。按照"一路一景、路景相融、处处是景"的思路，打造1000公里旅游观光公路，变"盆景"为"花园"。建成25个农村客运站、开通客运班线101条，逐步形成了"城市公交+站场枢纽+农村客运+云平台"的综合运输服务体系，为群众和游客换乘、转乘提供便捷服务。淤泥岩博村、盘关贾西村等50余个特色鲜明的乡村旅游景点与"主动脉"实现了快速联通，共带动10661户35272人分享到了乡村旅游发展红利、共享交通建设成果。2019年，盘州市成功创建国家全域旅游示范区。交通+物流，促电商发展。搭建"通村村"手机应用云平台，整合资源建成农村物流服务站323个，物流公司123家，县、乡、村三级物流体系全面形成，有效解决了"人出行、货出山"的问题。2020年，全市公路货物周转量62万吨公里，电子商务交易额达8.02亿元、增长31.5%，网络零售额达7975万元、增长80.76%。交通+扶贫，促群众增收。注重在建、管、养、运各环节充分吸纳贫困劳动力就业助贫增收。近年来，农村"组组通"硬化路建设中，共吸纳贫困户1.5万多人参与项目建设，带动户均增收6000元；采用"养护+扶贫""群专结合"的养护模式，将全市范围内的农村公路分段划拨给沿线群众包保养护，主要负责公路保洁及边沟清理等工作，大力推进精准扶贫。投入道路保洁资金1108万元，带动2000余户贫困家庭年均增收5000元。通过"公路养护+精准扶贫"模式，盘州市不仅解决了部分贫困户的就业问题，加快了贫困户增收脱贫的步伐，而且"组组通"公路的养护管理和环境卫生问题也得到了解决（图3-2和图3-3）。

案例三：贵州省盘州市"四好农村路"养护篇

图 3-2　大山镇嘎啦河"组组通"柏油路

图 3-3　沿线群众进行公路保洁及边沟清理工作

路畅业兴，路通民富。如今的盘州大地，一条条乡村公路纵横交织，把村村寨寨连在了一起，也连起了广大山区群众的心。

二、发展困境

素有"西南煤海"之称的盘州也曾是贫困之地。原来地处莽莽乌蒙大山之中的盘州，曾经遍布蜿蜒小道、崎岖山路，交通的不便让不少人"守着金山银山"过苦日子。贾西村是当时盘州众多贫困行政村的一个缩影——"山高路陡石头多，种一坡才收一箩"是其地理环境的真实写照，而"人背马驮"更是当时运输方式的常态。"十二五"初期，盘州市境内公路里程为5069.6公里，其中高速公路67公里、二级公路198公里、三级公路20公里，四级公路3074.1公里，等外公路1710.5公里。但由于当时公路基础薄弱，抗灾能力弱，泥路占总里程80%以上，群众出行晴天一身灰、雨天一身泥，物资运输常常是"货"等车，再加之养护资金紧缺、技术力量薄弱、百姓护路意识不足、部门联动不够等原因，导致部分公路投入使用不到几年就不堪重负，五步一小洼、十步一大坑，通而不畅，交通不便成为制约发展的一大瓶颈。

（一）管养机制不够健全，责任落实不够到位

（1）因为缺少强有力的管理和具体的实施细则，导致农村公路养护管理体制不顺，责任主体不明确，责任落实不到位。长期以来，乡镇及群众认为公路管养是交通部门一家的事情，没有把管养工作纳入政府行政管理和公共服务的范畴。

（2）农村公路养护考核奖励机制不健全，导致养护积极性不高，缺少专业的养护设备和队伍，养护质量难以保证。随着农村公路管养任务的不断增加，个别路段甚至出现了管养缺失现象。

（3）缺少健康长效的管养机制，不利于管养工作的长期发

展、资金的有效利用和专业养护队伍的建设。从长期来看，不仅造成了管养资金的浪费，而且阻碍了农村公路的健康可持续发展。

（二）养护要求不断提高，养护资金投入不足

（1）随着人们对出行需求和出行质量要求的逐步提高，农村公路的养护工作压力越来越大，当前的养护技术和养护市场力量越来越难以满足需求。另外，乡村产业对农村地区的资源路、旅游路和产业路的依赖程度不断提高，农村公路的综合服务和保障能力有待整治提升。

（2）农村公路养护资金难以保障，未能形成良性的动态资金保障机制。道路养护所需要的不仅是专业人士的素养和百姓的意识，更多要求的是经济支持。过去，盘州市农村公路养护资金仅400万元/年，往往只能保障养护员的基本工资，远远不能维护相应的养护设备。农村公路出现病害也无法及时进行维修或者根本无法维修，道路的稳定性难以得到保证和维持，给群众的生活及出行带来了麻烦。

（三）养护基础较为薄弱，养护模式亟待转变

长期以来"重建轻养"的观念导致公路养护基础十分薄弱，养护任务艰巨，大量早期修建的公路陆续进入改扩建及大中修养护阶段，养护任务逐年增加。而传统的养护生产管理模式无法适应新时

期新形势下的养护管理需求。

（1）专业养护技术人员匮乏、技术知识水平较低，职业素养整体不高。

（2）养护机械陈旧、装备差，日常养护主要靠人工作业，养护机械化程度偏低。

（3）管养不分离，养护压力大，缺乏健康有序的市场竞争。这些问题导致公路养护效率、养护质量得不到提升，养护面临的形势更加严峻。

（四）宣传教育不够到位，爱路护路意识淡薄

（1）由于爱路护路的宣传工作意识不强，方法单一，导致群众对农村交通工作认可度不高，绝大多数群众只知道使用公路，享受"公路通、百业兴"带来的实惠，不知道公路也需要大家爱护，爱路护路意识非常淡薄。

（2）缺少法律法规知识，农村群众"靠路吃路"的错误观念固执，甚至出现了损害路产路权现象，道路上随意乱搭乱建、随意堆放建筑材料，严重影响了农村公路的使用安全，也极大地浪费了公路建设资金。

（3）路域环境整治乏力，宣传教育与路域环境整治脱节，单纯的路域环境整治"治标不治本"，不能带动沿线群众共同优化路域环境，群众对农村公路工作的理解力有待提升，农村公路通行环境保障力有待加强。

三、解决之道

近年来，盘州市积极探索专业、集约、高效的运行机制，加快农村公路养护改革，创新公路养护新模式，科学配置养护资金、人员和设施，促进管理养护工作制度化和规范化，强化长效管理。

（一）推广"路长制"，完善管养体系

(1) 按照"政府领导、部门联动、群众参与、综合治理"的管理体系，全面构建符合盘州特点的农村公路管理机构和议事机制，使县、乡、村三级职责明晰、权责统一，形成了"精干高效、专兼结合、以专为主"的管理体系。

(2) 始终坚持建养并重、养护为先的工作思路，采取"分级管理、路长负责"管理模式，研究出台了《盘州市农村公路"路长制"实施方案》，按照"一路一长"的要求，建立县、乡、村三级路长制组织体系、责任体系、管理体系、考核体系，重点治理农村公路两侧乱堆乱放、乱搭乱建、乱扔垃圾、乱排污水等现象，常态长效开展农村公路沿线净化、绿化、美化行动，着力打造绿色舒适的出行环境。

（二）加大养护投入，创新融资模式

(1) 通过积极向上级争取养护资金、将小修养护资金全额纳入

财政预算，养护资金由 400 万元/年增至 2019 年的 3879.4 万元，实现农村公路养护经费逐年增长。

（2）在积极争取上级资金的同时，坚持自力更生，不断创新筹融资模式。结合《贵州省"十三五"农村公路"建养一体化"服务项目实施方案（试行）》即通过公开招标引入社会资本（央企），由社会资本承担项目的实施（含资金筹集、总承包施工）及交工验收后 5 年的养护服务工作，政府依据项目建设及养护的绩效评估情况，支付"改造养护"费用，服务期满后，公路交还地方政府。

一方面，农村公路"建养一体化"通过吸引社会资本投入，降低了建设期政府资金的额度，使政府可以将资金分配到更多的项目，提高政府资金的配置和使用效率；另一方面，社会资本通过规模化的合作，不但能解决企业经营的任务来源、生产指标、资本运作，保证施工队伍稳定，获取合理的收益，还能积极承担社会责任。积极通过"建养一体化"服务项目开展与大型企业合作，推动社会资本参与交通建设。

（三）强化日常养护，实现养护到位

（1）加强乡（镇、街道）交管站标准化建设。充分发挥乡级路长作用，协调落实农村公路管理办公场所，充实工作力量，建立健全组织体系、管理制度、考核办法和工作台账。每个乡（镇、街道）明确 2~3 人专职负责农村公路建设管理养护，确保交管站独立办

公，设备齐全，制度健全。同时，加强管理人员对相关业务知识和法律法规的学习，加强对乡村道路养护员的培训、管理、考核工作，切实做到养护管理责任到人、落实到位。

（2）开展村、组公路常态化养护。根据村级公益性设施共管共享的原则，在农村贫困户、低保户等贫困家庭成员中选聘村、组路养护员，划段包干、责任到人，定期开展养护整修和清扫保洁，帮助群众提高收入。乡、村路长和乡（镇、街道）交管站要对村、组公路定期组织巡查，确保村、组公路有人管、有人养。

（3）做好公路绿化美化工作。按照"因地制宜、因路制宜"的原则，围绕"美丽乡村"建设，做好农村公路绿化美化工作，确保"建一条、养一条、美一条"。

（四）转变养护理念，推进"四化"建设

（1）推进养护规范化。制定完善了《农村公路养护管理考核办法》《农村公路养护管理实施细则》《爱路护路村规民约》等办法措施，对日常保洁、小修保养、大中修进行规范。同时，将农村公路养护管理纳入政府向村（居）民委员会购买服务内容，统筹社会力量，建立了县有路政员、乡有监管员、村有护路员的农村公路管养队伍。

（2）推进养护专业化。转变理念，由过去的粗放型向专业化方向发展。以前养护队伍专业素质参差不齐，现在要求养护工作人员在培训考核合格后才能从事养护工作，保证了养护队伍的专

业水平。

（3）推进养护机械化。改变方法，由原来的人工养护逐步向机械养护转变，新投资购买了一批路面清扫车、护栏清洗车等养护设备，增强了农村公路养护实力和保洁力量。

（4）推进养护市场化。将盘州农村公路养护分三个片区分别进行公开招标，选择专业的养护公司进行养护。通过引入公平公正的竞争机制和活力，提升养护资源使用效能，提高农村公路养护水平和养护质量。

（五）加强护路宣传，注重民众参与

（1）通过制定《爱路护路村规民约》、设置咨询台、悬挂宣传标语、放置宣传展板、制作宣传片、发放宣传画册等多种生动鲜活、互动体验的形式向群众解读依法护路新理念，使公众更加直观地认识、了解了公路，进而激发了公众爱路护路的热情。

（2）定期开展"四走进"（走进校园、走进社区、走进企业、走进机关）系列宣传活动，充分利用农村集市广泛宣传《中华人民共和国公路法》《公路安全保护条例》《农村公路养护管理办法》等法律法规及政策文件，提高群众爱路护路意识，实现全民爱路、养路、护路。

（3）充分利用电视、广播、互联网、新媒体等深入宣传农村公路路长制的重要意义和典型经验，营造社会全员爱路护路的良好氛围，提高"路长制"管理工作的社会关注度、参与度（图3-4）。

图 3-4 盘州市交通运输综合执法大队三中队对辖区企业进行安全宣传

四、经验分享

(一) 改革创新,农村公路助推"三变"

"三变"改革,曾连续两年被写入中央一号文件,成为全国学习的样板。盘州市的"朝气"背后,不仅依靠的是"三变"改革的伟大创造,更得益于农村公路与"三变"改革的深度融合。这些年,盘州通村公路的通达深度、覆盖广度进一步提高,路网结构不断优化,四通八达的农村公路,将刺梨、核桃、茶叶等产业园以及乡村景区、景点串联起来,让各方资源得以畅通无阻,激活了贫困地区的土地、劳动力、资产、自然风光等要素,真正实现了"人气"变"财气""农村"变"景区""农舍"变"旅馆""产业跟着公路走，公路促进产业活，产业带动农民富"。农村公路的发展，让"三变"改革有了更加坚实的基础支撑。交通先行，为"三变"改革插上腾飞的翅膀。

（二）资金到位，破解建养发展难题

通过扩大招商引资、项目立项争资、倾斜财政投入、借力融资平台及整合部门资金等多层次、多渠道筹集整合建设资金，确保不留缺口，为项目建设提供强有力的资金保障，保障民生工程顺利实施。尤其是农村公路"建养一体化"政府购买服务的模式，改变了建设与养护分开实施的方式，将项目建设与养护任务捆绑，促使中标企业主动强化施工质量，降低了后期养护成本的支出。

（三）吸纳就业，助力脱贫振兴双赢

"就业扶贫"是巩固脱贫攻坚成果与乡村振兴有效衔接的重要抓手。盘州市交通运输主管部门积极动员全市力量参与农村公路日常管理，拓宽就业增收渠道。在建、管、养、运各环节充分助贫增收，将符合条件的建档立卡贫困劳动力吸纳进农村公路养护队伍，并配套了人员选聘、人员考核、岗位补贴标准制度，以就业扶贫小岗位带动贫困群众增收，实现了"在家门口就业"和"一人就业，全家脱贫"的愿望，就业、务农两不误，不仅解决了贫困群众稳定就业和持续增收问题，让他们获得更多的满足感、成就感和幸福感，同时还促进了乡村公共事业进步，实现了精准扶贫和乡村振兴建设双丰收。

案例四：湖北省潜江市"四好农村路"运营篇

一、案例概述

（一）潜江市基本情况

潜江市位于江汉平原腹地，北依汉水，南临长江，地处汉江下游。东距湖北省省会武汉市154公里，西距荆州市75公里。市境最东端在东荆河左岸幸福闸之东，西端在四湖中干渠（总干渠上游段）右岸西黄家台，南端在五岔河南的窑台，北端在汉江右岸的刘家伙。东西横距51.3公里，南北纵长64.4公里，面积2004平方公里，户籍人口约101万。潜江市交通区位优势十分明显，是武汉城市圈、鄂西生态文化旅游圈、长江经济带、汉江生态经济带等湖北"两圈两带"战略的重要节点城市。沪蓉、随岳、潜石高速公路与G318国道在境内交会，沪蓉高速铁路横贯东西，北京、上海、重庆、广州、深圳等特大城市均在6小时高速铁路圈内。

潜江市历史悠久，楚王行宫章华台距今有 2500 多年历史。影响秦汉的重要历史人物芈月，以及被誉为"东方莎士比亚"的曹禺、党的一大代表李汉俊等知名人物均诞生于潜江市。此外，潜江花鼓戏、潜江皮影戏、潜江民歌被列入国家非物质文化遗产保护名录。2019 年 12 月 18 日，国务院国有资产监督管理委员会在北京举办中央企业工业文化遗产（石油石化行业）名录发布活动，位于潜江市的江汉油田"五七油田会战指挥部旧址"等 15 个项目入选"中央企业工业文化遗产"名录。

潜江市境内有全国十大油田之一的江汉油田，下辖 1 个国家高新技术产业开发区、2 个省级经济开发区、6 个国有农场、17 个镇处，素有"曹禺故里、江汉油城、水乡园林、龙虾之乡"的美誉，荣获国家卫生城市、国家园林城市、国家绿化模范城市、全国水生态文明城市等。潜江市位列全国县域经济百强第 88 位、全国县域营商环境百强第 76 位、中国工业百强县第 82 位。潜江市曾先后荣获全国中西部地区农村通乡公路示范市、全国农村公路建设示范工程先进单位等称号。

（二）"四好农村路"发展成效

潜江市认真贯彻落实"把农村公路建好、管好、护好、运营好"的重要指示，高水平规划、高质量建设、高效益运营，扎实推进"四好农村路"建设，为乡村振兴战略实施、城乡一体化发展、打赢脱贫攻坚战注入了新活力、新动力，2018 年成功获评"四好农村路"全国、全省示范县（图4-1）。潜江市始终坚持"要想富、先修路"的理念，实现了所有区镇处通二级公路，所有建制村通油路、水泥路。2016年至今，累计投入资金8.2亿元，共完成了农村公路新、改建1100公里，全市农村公路连线成网，形成了以干线公路为骨架、县乡公路为动脉、通村公路为纽带的循环公路网。农村公路网的形成，给潜江市民、农民带来了极大的实惠，主要体现在以下几个方面。

图4-1 潜江市"四好农村路"

（1）推动修路与产业发展相融合，打造产业致富路。通过整合资源，潜江市积极打造以虾稻产业和旅游为支撑的产业路建设，建成返湾湖湿地景观走廊、高石碑骑游观光道、熊口小龙虾经济带、龙湾章华台遗址旅游带等农村公路200多公里，带动沿线体育休闲、田园旅游、虾稻产业发展，形成集"湿地公园、生态绿道、生态农业、遗址公园"为一体的全域旅游品牌。特别是，围绕虾稻共作基地连通田间道路，构建虾稻产品快进快出通道，凭借畅达便捷的农村公路网，"潜江小龙虾"远销30多个国家和地区，已然成为潜江人民的富裕路（图4-2）。

图4-2 高场龙虾基地

（2）推动修路与扶贫脱贫相融合，打造精准扶贫路。精准扶贫、交通先行。潜江市坚持全力推进贫困地区农村公路向城镇、园区延伸，使一条路连接一方园区、带动一方产业、致富一方群众（图4-3）。2016年至今，5年来整合交通、扶贫项目资金，共投入资金1.38亿元，完成了通达51个贫困村、355公里的产业扶贫道路建设，筹集1119万元修建了14座交通扶贫桥。通过改善贫困村交通基础设施条件，带动近2万名贫困户从事小龙虾产业，实现了脱贫致富，并吸引5000多人回乡创业。

（3）推动修路与生态相融合，打造美丽生态路。将农村公路建设与国家乡村振兴战略实施和省"支持潜江在城乡一体化建设上走在全省前列"的重要部署结合起来，大力推动东荆新区城市路网、返湾

案例四：湖北省潜江市"四好农村路"运营篇

湖湿地公园生态路网、兴隆河绿道路网建设，着力打造"四好农村路"示范线。同时，按照美丽农村路标准，倡导绿色发展理念，优化公路设计方案，尽量减少公路原有植被破坏，使公路通行环境与自然环境和谐相融，打造水乡园林特色循环路网。目前，已打造650公里路、渠、树交相辉映的生态绿色路，形成了多个片区的"四好农村路"示范线路，"一条好路，两排好树，一河清水，两岸花香"成为潜江市农村公路的标准配置（图4-4）。

图4-3 "四好农村路"连接园区

图4-4 "四好农村路"示范路段

二、发展困境

潜江市"四好农村路"建设取得了一定的成效,但在农村公路运营发展的过程中也存在一些问题和困境。

(一) 客运缺乏统一管理,"真通、实通、通好"较难保障

农村客运点多面广、串乡进村,覆盖面很广;客运量少多元、需求不一,相对比较分散,很难确保"真通实通"以及在通的基础上的服务是否到位。

1. 客运缺乏统一管理,群众出行较难保障

农村客运车辆主体以挂靠经营居多,经营主体多、小、散,城乡公交缺乏统一管理,群众出行安全性、实时性很难保障。在公交化改造过程中,收购车辆易发生群体性事件,改造难度较大;公交化改造运营中,极易与重复线路农村客运车辆因争抢客源而引发矛盾。

2. 农村公路征地困难,停靠场站标准较低

城乡公交沿途站点建设标准较低,无法建设与城市相同的港湾式公交停靠站,采用路边停靠的方式安全系数低;公交化改造期间,城乡公交线路终点站、停保场、枢纽站等用地就地征收及转变土地性质为公共服务设施,与当地百姓发生矛盾,用地保障难。

3. 补贴机制不够健全，城乡公交盈利较难

由于城乡公交是采用政府指导定价的低票制，降低票价让农村百姓得到了实实在在的实惠，年满 65 岁老年人及残疾人享受免费乘车的优待让企业在公交线路经营中难以产生收益，同时公交运营补贴机制不健全，造成经营性盈利难。

4. 运力结构不够合理，安全环保较难达标

农村客运市场存在车辆多、车型杂、车辆档次低、车况破旧、使用年限长、安全性能差和车型复杂等情况。"散、小、多、乱、差"是农村客运车辆的曾经特点，如存在中巴客车、农用四轮车、农用三轮车、摩托三轮车、家用轿车等多种车型载客的现象。农用四轮车、三轮车和摩托三轮车安全性能差，是交通运输部明令禁止载客车辆，轿车不适合在固定线路上运营，普通中巴客车的车况也是良莠不齐，并且多数中巴客车辆都是燃油动力车，不仅污染环境，而且存在着较大的安全隐患。

（二）农村物流缺乏统筹，"集散、服务、发展"较难保障

农村物流受路网密度的影响，配送站点少，集散难，服务标准低。

1. 路网密度不高，集散较难保障

潜江市农村路网密度较低，交通阻滞，物流基础设施建设落后，缺乏物流资源集聚地，难以整合物流资源。物流企业配送只能从城区到农户，农户发货也只能自己送到城区物流企业，这样物流成本

高、效率低，物流企业和农户都没有积极性。农村物流市场难以形成，不利于节约成本和提升效率，从而导致物流服务效率低下，服务水平不高。

2. 配送体系不强，服务较难保障

潜江市城区到乡镇农村物流配送以个体三轮摩托车为主，没有专门从事农村物流配送的公司专业化运作。这些个体三轮摩托车，无合法运营手续，无保险，无管理部门管理；其物流配送人员，都是各物流企业临时招聘人员，没有经过专门培训机构培训上岗，素质不高，流动性大，一旦消费者权益受到损失，投诉无门，货物财产无保障。

3. 政策支持不够，发展较难保障

潜江市政府、市交通运输局虽出台了引导和扶持物流行业发展的《潜江市人民政府关于促进现代物流业发展的意见》（以下简称《意见》）和《潜江市现代物流业"十三五"发展规划》（以下简称《规划》），但在《意见》及《规划》中并未明确提出财政扶持资金的具体金额和资金分配管理办法，也没有落实农村物流发展专项资金，相比湖北省其他县市出台的有关促进现代物流业发展的实施意见有所欠缺，较难保障物流业持续发展。

三、解决之道

开展交通建设已经成为乡村振兴战场上必备的"武器"。为破解

案例四：湖北省潜江市"四好农村路"运营篇

交通瓶颈，潜江市以"远近结合、分步实施、需求导向、因地制宜"为基本原则，结合创建全国"四好农村路"示范县工作，大力实施"村村通客车"、城乡公交一体化改造及扶持农村物流发展工程，极大解决了农村群众出行难、购物难、成本高的问题，让农民群众享受到和城市居民一样的交通便利，切实提高了交通服务均等化水平，增强了人民群众的幸福感和获得感。

（一）推进农村客运公交化改造，满足安全便捷出行需求

潜江市围绕统筹城乡发展、加快推进城镇化公交工作部署，以推进城乡客运基本公共服务均等化为目标，以转变城乡道路客运发展方式为工作主线，坚持"公交优先、城乡一体"的发展理念，统筹城乡客运科学发展、协调发展、同步发展，为城乡居民提供安全、快捷、经济、高效的出行服务，为促进潜江市经济社会融合发展、协调发展、科学发展提供交通保障。

1. 启动公交改革，形成城乡客运网络

全面推行全域公交改革，采取政府购买服务、补贴兜底的方式，引导经营者"车头向下"，把车开到田间地头、偏远村落，在全省率先实现"村村通客车"，形成了以城区为中心、乡镇为节点，辐射全市行政村的城乡农村客运网络。市政府制定出台了《潜江市推进全域公交改革的实施方案》，主要采取引导市场主体的方式，对道路客运车辆实施收购，将市内道路客运市场运作方式转变为政府指令性运营，将道路客运性质转变为城市公共交通性质，布设城区通往集

镇公交干线，以集镇为节点，呈放射状对集镇所辖村组进行串联辐射，最终形成城区至集镇、集镇至集镇、集镇至行政村的三级全域公交网络。潜江市成立由市长任组长的全域公交改革工作领导小组，新增开通了6条公交线路，新增纯电动公交车50辆，建成城区至集镇、集镇至集镇、集镇至行政村的三级全域公交网络，让农村群众得到了实惠（图4-5）。

图4-5 公交总站

2. 制定专项规划，提高公交运营质量

潜江市编制了《潜江市城市公交专项规划（2011—2020）》，该规划进一步明确了公交发展的战略定位和指导依据、中远期的发展目标和确切计划，科学统筹运营线路的延伸和布局，保障了以公共交通为导向的公交场站用地需求，综合考虑了各种交通方式的换乘以及对外的衔接，进一步提升了城市公交的吸引力。2018年9月，为提高公交运营质量，充分发挥公共交通对城市发展的引领和带动作用，满足市民群众出行需求，潜江市编制了《潜江市公交线网优化（2018—2035年)》，以适应性规划和导向性规划为主，按照城市近期和中远期发展需要，从公交线网、停靠站、公交场站及充电桩、

公交专用道以及建设计划与保障措施等方面做了全面详细的规划。规划的实施提高了公交运营质量，充分发挥了公共交通对城市发展的引领和带动作用，满足了市民群众出行需求。

3. 争取政策支持，确保行业健康发展

一是将公共交通发展纳入公共财政体系，统筹安排，重点扶持。政府将城市公交发展纳入政府购买公共服务范畴，通过PPP（Public-Private Partnership，政府和社会资本合作）方式实现财政保底回报，预计每年财政缺口补贴1600万元，累计占地方一般性财政预算性收入的1%以上，并对将公共交通企业执行政府指导性低票价，承担老年人、残疾人、学生优惠乘车，以及持月票和"一卡通"优惠乘车等方面形成的政策性亏损，将企业因技术改造、节能减排、经营偏僻线路等增加的成本纳入市财政年度预算，经审计后据实补贴，每年300万元。二是制定节能减排奖励机制，加大新能源公交车的投放力度。对公交企业新购置公交车按实际购车价格给予20%的财政补贴，并免征新购置公交车的车辆购置税。三是优先安排和保障公共交通设施建设用地，确保公共交通设施用地功能及规模。四是落实国家成品油价格补贴政策以及国家和省、市的其他优惠政策；制定新能源公交车辆实施用电优惠政策。五是加大资金投入，加快公交基础设施建设。准予公交场站在保障换乘功能的前提下，按政策将部分面积用于商业开发。由市交通运输局牵头，市财政局、市住房和城乡建设委员会配合，按照"政策优惠、约束严格"的原则，制定具体的优惠和管控方案，确保公交场站商业综合开发收益全部用于发展城市公共交通。

4. 创新融资模式，破解公交发展难题

为加快城乡客运一体化发展，经市政府批准，采用 PPP 模式助推公共交通转型升级，引入社会资本对以园林城区 25 公里范围内的农村道路客运班线进行公交化改造，对社会资本投入实行政府购买公共服务方式。该项目由两家公司共同组建一个新的公共交通投资公司具体实施，主要包含园林城区 25 公里范围的农村道路客运班线公交化改造和潜江高速铁路新区综合客运枢纽站项目，以及购置 300 辆纯电动公交车。该项目投资 4 亿元，列入潜江市重点交通建设项目。两家公司合作期限为 20 年。政府以此为契机，与省内外部分企业进行洽谈，选择有实力、有经验、有意愿的企业实施全域公交改革项目。

5. 强化基础设施，夯实公交发展基础

2015 年，潜江市投入 300 多万元升级改造了 GPS（Global Positioning System，全球定位系统）车辆定位系统、智能化的运营调度系统、公交乘客信息系统［GIS（Geographic Information System，地理信息系统）、电子信息服务系统］、网络一体化的企业经营管理系统、优化的换乘系统及智能公交管理系统组成的智能化公交系统，实现了应用科技手段调度运营车辆。2016 年，潜江市作为湖北省第一批交通一卡通互联互通建设城市，加快推进项目建设，成功与北京、上海、荆门等 245 个城市实现了互联互通。2018 年，积极探索手机应用程序（Application，App）和二维码支付业务，实现了公交车移动支付功能，加快信息化建设，公交 IC 卡（Integrated Circuit Card，集成电路卡）使用率达 59%。建成公共信息服务系统、智能调度系统、安全应急处置系统，逐步形成公众出行与运营调度、安全监控和应急处置智能化管理系统。

新建新能源公交车充电站 4 座，分别设置在公交总站、森林公园、火车站、潜江返湾湖，总投资 2800 万元。新建城乡公交候车亭 40 座；升级改造城区紫月路、潜阳路港湾式公交电子站牌候车亭 57 座；改造城区江汉路港湾式公交电子站牌候车亭 2 座；在 G318 国道潜江段复线及东环大道拟建设风光互补公交电子站牌港湾式候车亭 44 座，总投资 1920 万元，加大了基础设施建设力度。

6. 提升装备水平，推进公交绿色发展

为适应"两型社会"建设的要求，积极推进公交的绿色发展，加快新增和更新清洁能源、新能源纯电动车的步伐，2016 年潜江市投入 0.95 亿元，购置新能源纯电动公交车 150 辆，现已分年度全部投入使用。配套建设充电设施，完善配套设施网络；提高车辆技术性能、舒适程度和空调车的比例，万人公共交通车辆保有量达 11.2 标台；公共交通场站配套设施基本完善，公共汽电车进场率 100%；积极推广应用绿色公共交通车辆，公交空调车比例达 100%，绿色公共交通车辆比例达 100%；完善公交车辆技术准入和维护制度，规范车辆维修管理，保障公交车辆技术状况良好，提升公交车辆装备水平和技术等级。

7. 加强质量考核，提升公交服务形象

一是强化服务质量考核。加强市场监管，完善城市公共交通市场监管制度和社会评价体系，制定《潜江市城市公交企业服务质量考核办法》《潜江市城市公共交通汽电车乘坐规定》；发挥公共交通企业主体作用，加强行业文化建设，全面提升从业人员综合素质和整体服务水平，创建一批个人典型和文明线路，打造全省公交示范线路。二是加强公交服务质量管理。完善城市公共交通运营服务规范和考核评价标准，依法加强公交行业服务质量监督管理与考核，并将考核评价结果与政府财政补贴挂钩，与公交特许经营授权相结合。大力开展公交进社区、公交车礼让斑马线等文明服务、文明行车活动，提升公交服务形象。

潜江市大力推进城乡公交一体化改造，累计投入资金5.63亿元，收购农村道路客运车辆376辆，新购置纯电动公交车444辆，新建8座充电站共150个充电桩，新增开通城乡公交线路20条，城乡公交实现全域覆盖，广大人民群众的获得感、幸福感进一步增强。潜江市农村客运公交化改革前后变化见表4-1。

潜江市农村客运公交化改造前后对比 表4-1

序号	指标		改造前	改造后
1	场站建设	对外交通枢纽	2个	3个
		等级汽车客运站	16个	2个
		简易候车亭	119个	141个
		高标准港湾式候车亭	128个	365个
		招呼站	182个	663个
2	设施设备	绿色公共交通车辆标台数占公共交通车辆标台总数的百分比	32.25%	100%
		公共汽电车进场率	80%	100%
		公共交通乘车一卡通使用率	32.49%	59%

续上表

序号	指标		改造前	改造后
2	设施设备	空调车占公共汽电车车辆总数的比例	45.6%	100%
		拥有公交车辆总量	307 标台	505.2 标台
		万人拥有公交车辆数	8.71 标台	11.2 标台
3	运营状况	公交运营线路	17 条	33 条
		运营线路总长度	254.3 公里	926.3 公里
		年运营里程	3243.6 公里	3785.6 公里
		年客运总量	5151.4 万人次	5241.7 万人次
4	服务水平	公共交通机动化出行分担率	29.09%	32.51%
		早晚高峰时段班次平均运营车速	18 公里/小时	22 公里/小时
		公交服务质量乘客满意度	80%	95%
		公共汽电车责任事故频率	1.1 次/百万公里	0.12 次/百万公里

（二）推进农村物流的融合发展，实现城乡物流进村入户

近年来，国家、湖北省陆续出台了一系列促进农业及农村物流发展的相关政策。潜江市紧紧抓住这一良好机遇，结合本市的实际情况，围绕培育农村物流企业运营、促进农村交通物流融合发展、规范农村物流配送运输的发展思路，争取政策支持、政府扶持，加大投入、培育发展，资源整合、协作推进，构建了以城区为中心、乡镇为节点，覆盖全市所有行政村的市、镇、村三级农村物流网络节点体系，打通了"农产品进城，工业品下乡"的双向物流通道（图4-6和图4-7）。

图 4-6　农村物流村级服务点

图 4-7　潜江传化公路港

1. 合理布局，加强农村物流体系建设

2016年，潜江市出台了《潜江市人民政府关于促进潜江市现代物流业发展的意见》，2018年出台实施《潜江市现代物流业"十三五"发展规划》和《潜江市农村物流布局规划》。按照"物流园—物流中心—农村物流配送站"三级规划，通过分步实施，逐步建立潜江市现代物流体系。加快推进"一园四中心多站点"

项目建设,以华中(潜江)物流产业园为核心,潜江传化公路港、农副水产品物流中心、南部物流配送中心为骨干建设多个物流中心,在镇、村建设立农村物流配送站,同时大力发展农村电商物流,着力解决农村物流"最后一公里"问题。2017年,潜江市被湖北省交通运输厅纳入全省农村物流试点示范项目城市,积极协调督导示范项目实施主体企业投入农村物流资金建设潜江市农村物流三级网络体系,并引导企业整合已有的乡镇交通分局、客运站资源,利用客运站改造建设农村综合运输服务站;一些乡镇与其他公司合作建设农村物流服务网点,与供销、商务等签订《农村物流发展合作协议》,共享村级电子商务网点为村级农村物流服务点,整合资源,融合发展。

2. 积极引导,推进农村物流融合发展

(1)助推物流企业项目建设。潜江传化公路港项目位于湖北省潜江市杨市办事处,是潜江市重点招商引资项目。项目由两家公司共同投资建设。项目净占地约284.48亩,分三期建设,总投资2.2亿元,建设综合服务型的物流园区。目前,已入驻企业36家,其中快递企业1家,零担物流企业17家,仓储14家,城乡配送1家,三产2家,汽修汽配1家,均已正常开展业务,这是湘鄂两省华中大区的第六个公路港。

(2)引导物流企业信息化建设。积极引导物流企业加快物流信息平台建设,充分运用互联网、云数据等构建物流信息网络。以物流企业为依托,实现了物流信息交易平台化、物流管理信息化、终端智能化和服务 O2O（Online to Offline，线上线下一体化），以及人、车、货、港信息的全面信息采集，形成动态、精确、高时效性的大数据基础数据体系。通过推动物流企业信息化平台建设，充分整合利用了现有物流资源，健全了农村物流配送网络，促进了工业品下乡和农产品进城的双向流通。

3. 齐抓共管，促进物流行业管理规范

（1）建立与公安、邮政部门联动机制，协调处理12345市长热线和物流纠纷投诉。

（2）建立重点企业联系制度，采取驻站式服务，协调处理企业反映的各类问题。

（3）积极协调，配合管理，加强对物流园区和零担物流企业的安全巡查管理。

2017年，成立了潜江市物流协会，有效整合了物流行业市场，加强物流企业之间的交流与合作，规范企业经营行为，实现物流行业抱团协作，积极发挥桥梁纽带作用，引领潜江物流行业健康稳定有序快速发展。

农村路网和通行条件的改善，推动了农村物流快速发展。目前，潜江市已建立市、镇、村三级物流配送体系，开辟了工业品下乡、农产品进城的双向物流通道，打通了农村物流"最后一公里"。同时，还建立起15个乡镇综合运输服务站、150个村级农村物流（电商）服务点，培育了以田李村为代表的一批"电商村"、淘宝双"十一"网购"明星村"。

四、经验分享

(一) 强化组织领导，理顺体制机制

为保证城乡客运一体化工作的顺利开展，成立以市政府分管领导为组长，分管副秘书长为副组长，交通运输、公安、财政、税务、规划、国土资源、住房和城乡建设、物价、工商、信访及线路覆盖辖区区、镇、办事处等负责人为成员的城乡客运一体化工作领导小组，具体负责制定城乡客运一体化发展的实施意见和具体方案，并协调组织实施。出台了《市人民政府办公室关于加快推进全市城乡客运一体化发展的意见》《潜江市人民政府关于支持城市公共交通优先发展的实施意见（试行）》《潜江市城市公交企业服务质量考核办法》《潜江市城市公共交通汽电车乘坐规定》和《潜江市公交车辆广告管理规定》；为顺应公交发展趋势，进一步理顺公交发展体制机制，不断提升城市公交保障水平和服务质量，积极实施公交国有化改革，确保公交行业稳定健康发展。

(二) 制定合理规划，促进资源整合

科学超前、先进合理的规划，是促进资源整合、凝聚合力、保障发展水平、增强持续竞争力的基础和前提。"规划先行""规划即法"是潜江市农村公路运营取得成功的关键因素。在客运方面，城乡公交一体化改革之初，就编制了专项规划，明确潜江市公交发展

的战略定位和指导依据、中远期的发展目标和确切计划，接着又专门编制了公交线网优化方案，制定了全域公交改革方案；在物流方面，制定了物流规划农村物流布局规划，按照规划推进华中（潜江）物流产业园、潜江传化公路港、农副水产品物流中心、南部物流配送中心等多个物流中心建设，在镇、村建设立农村物流配送站，同时大力发展农村电商物流，着力解决农村物流终端问题。

（三）引入社会资本，减轻财政压力

PPP模式引入社会资本，减轻了政府财政压力，形成稳定而持续的"资金库"，为潜江市公共交通转型升级提供了有力的资金保障。为加快城乡客运一体化发展，经潜江市政府批准，引入社会资本对农村道路客运班线进行公交化改造，并对社会资本投入实行政府购买公共服务方式；引入社会资本建设潜江传化公路港，建成一个集零担、快递、仓储、冷链、电商、加油站、汽修汽配以及"司机之家"等三产配套设施为一体的综合服务型的物流园区，并引导物流企业信息化建设，推进了农村物流融合发展。

（四）实施示范创建，强化典型引领

潜江市既是第二批省级公交示范创建城市，又是实施农村交通物流发展试点城市。为贯彻落实《湖北省人民政府关于城市优先发展公共交通的实施意见》，推进城市公共交通科学、快速发展，湖北省交通运输厅确定潜江市为第二批省级公交示范创建城市。潜江市

案例四：湖北省潜江市"四好农村路"运营篇

始终按照省级公交示范城市创建要求和目标，着力巩固和提升公交服务，培育城市文化，全面推进省级公交示范城市创建各项工作，在设施设备、服务水平、保障措施等方面得到了全面提升，取得了较好的成效。深入实施农村交通物流发展试点示范项目，积极依托农村路网，促进农村物流市场主体不断发展壮大。特别是依托村级电商、邮政等站点，在全市建立市、镇、村三级物流配送体系，开辟了工业品下乡、农产品进城的双向物流通道，打通了农村物流"最后一公里"，实现城乡物流配送"进村入户"。

案例五：福建省"四好农村路"案例

一、案例概述

（一）福建省基本情况

福建省地处我国东南沿海，东隔台湾海峡，东北与浙江省毗邻，西北横贯武夷山脉与江西省交界，西南与广东省相连，有着特殊的经济文化区位优势。福建省也是东海与南海的交通要冲，是历史上海上丝绸之路、郑和下西洋的起点，也是海上商贸集散地。全省地形以山地、丘陵为主，峰岭耸峙，丘陵连绵，河谷、盆地穿插其间，山地、丘陵占全省总面积的80%以上，素有"八山一水一分田"之称，陆域面积12.4万平方公里，现辖9个设区市、1个综合实验区、85个县（市、区）、926个乡镇、14334个建制村。福建省属亚热带海洋性季风气候，温暖湿润。福建省靠近北回归线，受季风环流和地形的影响，雨量充沛，光照充足，年平均气温17~21℃，平均降雨量1400~2000毫米。每年雨季，易多发台风、泥石流、水泥流洪水等自然灾害。

案例五：福建省"四好农村路"案例

福建省加快构建现代化综合交通体系，形成"两纵三横"综合交通运输大通道，实现了"市市通高铁、县县通高速、镇镇通干线、村村通客车"（图5-1和图5-2）。2018年，福建省在全国率先实现省内9个设区市动车环闽运营；2019年，福建省成为全国第四个全部取消普通公路收费的省份，福州、厦门迈入"地铁换乘时代"，"轨道上的福建"初步形成；2020年，福建省城乡融合持续深化，城乡路网体系加快完善，全省公路通车里程达到11万公里，全省民航旅客吞吐量首次突破5000万人次，沿海港口吞吐量首次突破6亿吨，"海丝航运"品牌打响。高速公路通车里程突破6000公里，高速公路ETC（Electric Toll Collection，电子不停车收费）使用率居全国第一。货运车辆综检全国联网、通检和网上年度审验全面完成，全省"一站式"检车服务全面覆盖。在全国率先上线交通"网购式"行政审批在线平台和审批App，省级"一网通办""全程网办"事项超八成，交通营商环境持续优化。

图5-1 福建省白中镇继善村道路

图 5-2 福建省长乐区新览村龙马路

(二)"四好农村路"发展成就

"十三五"期福建省农村公路各项投资完成 360 亿元,农村路网建设改造 1.15 万公里,安保提升 2 万公里;改造农村公路危桥 1279 座,建成撤渡建桥项目 14 座,改善近 900 万农村百姓的出行条件。截至 2021 年底,农村公路通车里程 9.4 万公里,实现了全省建制村 100% 通水泥路和通客车。"县道县管、乡道乡管、村道村管"管养机制全面落实,全省县(市、区)城乡道路客运一体化水平全部达到 3A 及以上等级,18 个县(市、区)客运实现全区域公交化运行;乡镇快递网点 100% 覆盖,建制村 100% 直接通邮。"路长制"、农村公路灾毁保险等创新做法得到全国推广,交通扶贫工作受交通运输部通报表扬,7 个县(市、区)获评"四好农村路"全国示范县,晋安区北峰环线全景公路鼓宦线获评"全国十大最美农村路",武平县"信息平台+统一配送"获评全国首批农村物流服务品牌。

案例五：福建省"四好农村路"案例

福建省交通系统围绕实施乡村振兴战略、打赢脱贫攻坚战、建设美丽中国的要求，推动了"四好农村路"高质量发展。

（1）强化"建好"机制，建设高质量的农村路网。福建省政府连续多年将农村公路建设列入"为民办实事"工程，补短板、促民生，完善建设管理机制，推进了农村公路路网建设高质量发展。

（2）创新"管好"机制，推进建养并重。通过压实政府职责，形成了省、市、县、乡分工负责，层层抓落实的良好局面。

（3）健全"护好"机制，促进养护常态化发展。福建省通过强化养护投入、实施示范提升、加强灾毁修复能力建设，推进养护的常态化开展。

（4）深化"运营好"机制，推进了城乡客货运输发展。福建省以运营好为目标，加大农村危桥、安保实施，完善城乡客货运基础设施，健全城乡客货运输体系。

（5）强化考核驱动，激发了各级潜能。福建省政府立即将农村公路建设养护列入省政府对设区市政府质量工作专项考核，并建立了省补增量资金与市、县财政配套到位挂钩机制，促进了建设、养护的质量双提升。

福建省"四好农村路"建设夯实了服务乡村振兴的基础，取得的成效非常显著。

（1）推进"交通＋特色产业"发展。2014年以来，福建省将国、省道网未能通达的重点旅游区、枢纽场站、港口作业区等通达公路列入"镇镇有干线"专项规划，并与国、省道同等标准补助，推进全省旅游产业发展，累计建成通景区、港区和枢纽项目639公里，有力增强了运输节点客货快速集散能力。

（2）推进海岛交通便民工程。开展海岛陆岛交通码头、码头接线公路、改造岛内路网及更新客运渡船等交通运输项目建设，实现百人以上岛屿建成陆岛交通码头，千人以上岛屿开通班轮、建成码头管理房（候船室），万人以上岛屿开通岛内客运班车，带动了海岛旅游观光、渔业生产、宜居环境提升改善，促进了交通基础设施服务均等化（图5-3）。

图5-3 福建平潭钱便澳码头海防路网

（3）推进养护精准扶贫。在新选聘乡村道专管员、养护人员时优先挑选当地有劳动能力的贫困村民，仅龙岩市就聘用贫困户262人，每人年均增收4000元以上，有力促进了当地的脱贫攻坚工作，实现交通与扶贫的有机结合。

二、发展困境

近年来，福建省"四好农村路"发展取得了显著成效，但在推进"四好农村路"高质量发展进程中曾面临一些困难和问题,如"重建轻养"状况未全面改观,灾害频发农村公路修复困难等。

(一) 重建轻养,管养体系不够健全

过去十多年间,福建省侧重农村公路建设,农村公路网络越织越密,城乡居民出行日益便捷。但农村公路分布广、线路长,管理养护成为亟待加强的短板。

(1) 农村公路管理养护体制不完善。福建省按照2008年印发的《福建省农村公路管理办法》构建了"县级设立管养机构、乡镇确定分管负责人、建制村指定养护管理员"的管养机构框架,但县乡人民政府认识不到位,对养护管理机构能力建设滞后,乡村两级和农民群众的积极性未能充分发挥,管养成效有限。

(2) 农村公路管理养护长效机制不健全。总体来看,农村公路技术管理人员不足,乡村道公路养护监管全覆盖较为困难,乡村道失养、弃养的情况时有发生;农村公路养护专业化队伍缺乏,养护人员技能不高,农村公路的日常管养工作未有效落实到位。

(3) 农村公路路政管理不到位。交通执法机构力量不足,农村公路路政管理缺位;乡镇、建制村协助路政管理主动性不强,路产路权保护难以到位。

(二) 灾害频发,修复资金难到位

福建省多台风暴雨,农村公路依山傍水,易受山洪、泥石流等

自然灾害损毁。农村公路易发生溜方、塌方、桥涵和边沟损毁等严重灾害，灾毁损失惨重，福建省有"切肤之痛"。据统计，仅2016年一年，福建省农村公路灾毁损失就高达18亿元。如此巨额的救灾资金，仅靠各级财政补贴和各地正常养护经费远远不够。重大灾毁发生后，由于无法快速筹措灾毁修复资金，导致农村公路难以及时修复，直接影响了当地群众的正常出行需求。

以福建省龙岩市上杭县为例，上杭县地处山区，自然灾害频发，经常造成农村公路交通阻断。为确保农村公路安全畅通，县、乡、村需要投入大量资金清除溜方、修复塌方等公路损毁设施。如2010年上杭县的"6·15"特大洪灾，造成农村公路水毁损失达5200多万元。在农村公路养护资金有限及"县道县管、乡道乡管、村道村管"的农村公路养护责任分工体系下，县、乡、村三级财政要筹集解决的巨大水毁修复工程资金困难重重，如何解决农村公路修复资金问题成为农村公路养护的主要瓶颈之一。

三、解决之道

（一）全面推行"路长制"，构建管养常态机制

2014年初，福建省提出在全省全面实施"河长制"的构想，省、市、县、乡四级设置由政府领导担任河长、河段长，并确定其为河流保护管理的第一责任人。全面推行"河长制"以来，全省河流水质整治成效显著。因此，为破解农村公路管理养护困局，发挥

县乡镇政府、村委会在农村公路管理中的主动性，福建省借鉴"河长制"落实经验，在全省全面推行"路长制"。

1. "五道五长"模式

2018年，福建省在全省全面推行建立覆盖县、乡镇、村的路长组织体系。其中，福安市在省级指导意见的基础上，创新实行"五道五长"的模式尤为典型。福安市将国道、省道、县道、乡道、村道纳入"路长制"范围，由市长任总路长、市挂乡镇的处级领导作为市级路长、市直联系部门作为部门路长，形成"总路长、市级路长、部门路长、乡镇路长、村路长"模式，实行"五道五长"共管，将"行业主导"转变为"政府主导"，同时通过路长联席会议制度、动态清单制度、多部门联动联合执法、定期检查和通报制度五项制度，以任务清单为主线、联席会议为平台、检查和通报为抓手，部门联合执法增成效，推进分级管理、分级处置、分级考核的运行机制，有力推进工作难点解决和任务落实。同时推行乡村道专管员制度，有效改变乡村道管理薄弱的局面，强化农村公路的网格化管理。

2. "五道五长"模式的具体做法

"五道五长"的"路长制"模式，具体做法包括以下五方面。

（1）成立工作机构。成立以市政府分管领导担任组长，交通运输局、财政局主要领导担任副组长，城管、自然资源等部门为成员单位的农村公路管理养护试点工作小组，组建改革试点工作专班，挂靠市路长办公室运行落实，进一步强化对改革试点工作的组织领导。

（2）制定工作方案。各地根据工作实际制定农村公路管养体制改革工作实施方案，明确试点内容、实施路径、目标效果和措施保障，形成县、乡党政负责，部门协作管理的组织领导体系和权责清晰的农村公路管理运行机制。

其中，总路长整体负责全市的公路建设养护管理和路域环境治理；市级路长主要负责辖区内路长制的组织、调度、协调和监督工作，落实公路建设、管养和路域环境整治资金，协调处理路域环境整治、应急处置、路产路权保护等"四好农村路"建设推进的重大问题，督导下级路长和有关部门履行职责，审定乡镇路长考评结果，并对考核不合格、整改不力的下级路长进行处理；部门路长负责市级路长的相关日常工作；乡镇路长主要负责做好辖区内道路沿线的征迁、建设用地及养护管理、应急处置的协调处理，负责辖区内公路路域环境整治工作，开展路产路权保护，督导、考评农村公路专管员和下属部门履职，并负责村路长履职考核；村路长主要负责辖区内公路养护管理、应急处置、路域环境整治的协调，协调上级路长开展征迁、建设用地和市乡道路域环境整治、路产路权保护等。

（3）健全工作机制。将农村公路管理养护纳入市生态文明建设范畴，与生态文明建设指挥部形成合力，有力推动交通、自然、城管、林业、住房和城乡建设、农业农村等相关部门与乡镇的执法联动和业务开展。同时，完善"路长制"相关工作制度，实现乡镇、县直部门联动管理，为农村公路养护生产模式改革有效落实提供组织保障，形成各方参与、运转高效的工作格局。

（4）强化路长考评。各地制定"路长制"考评办法，创新"二固定三随机"考评体制，实行一月一考评。"二固定"即固定考评组、固定人员库，固定考评组由交通运输局、自然资源局、城市管理局、住房和城乡建设局、农业农村局、林业局等部门分别牵头负责，成立6个考评组，由牵头单位安排一名副职担任组长，一名干部担任联络员；抽取市交通运输局农路管理和执法大队人员组成固定考评人员库。"三随机"即随机抽取考评人员、考评片区、考评路段，避免因考评尺度、人为等因素而影响考评的公正性、客观性。考评中公路建设占20%，公路保护占20%，公路养护占60%，实行单双月考核，两月一通报。双月实行暗访考评，由交通运输局养护和路政部门组织实施。单月实行部门联合考评，奖优惩劣，在一定程度上有效解决因考评尺度、人为等因素而影响考评工作的公正性、客观性的问题。

（5）严格通报机制。将"路长制"评比列入市政府绩效考评范围，采用问题清单销号制，将考评问题列入清单库，交由乡镇限期整改销号。考评结果由路长办公会议审定后，报送市生态文明建设指挥部，落后乡镇在指挥部会议表态发言、绩效扣分。同时，在电视台和微信公众号等媒体平台对工作滞后的乡镇进行曝光；将乡镇"路长制"考评结果与市直联系部门挂钩，考评成效作为评定乡镇和联系部门年度生态文明建设绩效考评得分的依据，进行奖优惩劣，有效推动群众参与，推动各乡镇争先恐后、你追我赶，提高工作积极性。

3."路长制"实施成效

"路长制"的实施构建起责任明确、协调有序、监管严格、奖惩有力的组织体系,进一步明晰了县、乡、村三级对农村公路管理责任,加强了县、乡管理力量,保证了每条公路有人管、有人养、管得住、养得好,促进了农村公路管养的常态化,尤其是在路产路权维护、涉路安全及路容路貌提升方面的成效显著(图5-4)。

图5-4 福安市"最美公路"

(1)深化了综合治理。"路长制"的实施进一步压实了农村公路主体职责,政府行为更加突显。各市直联系部门的年度绩效与乡镇考核农村公路管养成效挂钩的机制,充分调动了各职能部门的主动性,部门联动得到有效加强,协调更为顺畅、配合更加紧密,路产路权保护和路域整治等更为有力,全市公路的路容路貌得到了显著改善。

(2)管养成效有效提升。"路长制"运行后,建立了乡村道专管员制度,乡级管理力量进一步充实,监管能力得到增强,实现了乡镇建设、养护项目监管的全覆盖。尤其是偏远乡、村道的安全、灾害、环境、卫生、秩序等问题，发现和解决时效性显著提升，管养成效明显。

（二）全面推行灾毁保险，化解财政补贴难题

农村公路灾毁保险属于财产保险综合险，即对农村公路、构筑物及公路附属设施（包括路基、路面、桥梁、涵洞、隧道、防护工程、安全设施、排水设施、养护管理房屋及建筑物等）遭受自然灾害损毁的损失进行投保。在保险期间内，由于暴雨、洪水、暴风、台风、暴雪、冰凌、突发性滑坡、崩塌、泥石流、地面突然下陷下沉等自然灾害造成保险标的的损失，以及为抢救保险标的或防止灾害蔓延，采取必要的、合理的措施而造成保险标的的损失或所支付的必要的、合理的费用，保险人按照保险合同的约定负责赔偿。

1. 引入农村公路灾毁保险的目的

（1）解决财政资金补贴农村公路灾毁损失有限的问题。农村公路灾毁损失严重，光靠财政资金补贴，缺口较大。为解决财政资金补贴农村公路灾毁损失有限的问题，福建省跳出行业之外，到市场上寻找答案。2010年，福建省龙岩市大胆地走出第一步。龙岩市上杭县率先试点农村公路灾毁保险利用保险的风控作用，与财政互补，探索建立政府、保险机构、管养单位多方参与、互动共赢的农村灾毁保障体系，2010年当年赔付率达到111.9%。

（2）理赔有速度快，筹措资金快速到位。农村公路出现损毁情

况,保险公司将通过"绿色通道",依托较完善的保险网络迅速开展受理、查勘、定损、理赔,发生大规模灾害时还应先行预赔,从而快速筹集抢通修复资金。作为快速筹措部分农村公路修复资金的一种方式,它起到了一定程度分摊风险、减轻水毁资金压力的作用,缓解了养护资金紧缺状况,特别是出现大灾时优势更为明显。

2. 农村公路灾毁保险实施的具体做法

福建省把农村公路灾毁保险当作服务民生、履行责任的一项重要任务来抓,具体做法如下。

(1) 政策扶持,投保模式灵活。福建省政府出台《关于全省推行农村公路灾毁保险的指导意见》专项扶持政策,采取"省级统一招标、县级自愿参保、县乡村具体受益"方式推动全省开展农村公路灾毁保险。

(2) 理赔范围明确,理赔有依据。农村公路灾毁保险理赔范围包括路面、路基、边坡、涵洞、边沟、桥梁等受灾损毁修复、清理溜塌方等费用,基本涵盖了农村公路日常管理养护的各个方面。福建省交通运输厅通过公开招标选择保险公司,并签订《福建省农村公路灾毁保险服务协议》,确定了保险费率(1‰)、保额参考基准(县道200万元/公里、乡道100万元/公里、村道80万元/公里)和与保费挂钩的单次事故县道赔偿限额、单次事故乡村道赔偿限额、保险期限内累计赔偿限额、单次事故免赔额等参考标准。各县(市、区)交通运输局本着自愿原则与中标的保险机构分支机构签订保险合同,保险合同一年一签,保费一年一付。农村公路灾毁保险的保费由省、市、县三级财政在养护经费外全额出资，不挤占农村公路养护经费。省级对全额由财政出资投保的县（市、区），按省级扶贫开发工作重点县、中等发展水平县和经济发达县分别给予保费的90%、50%和30%分担，在发生较大及重特大灾毁时，仍按现行普通公路灾毁保通重建补助政策叠加支持。

（3）保险合同清晰，理赔办法明确。按照保险合同，在保险期限内，如果公路遭受损失，保险人可选择以支付或以修复、重建受损项目的方式予以赔偿，理赔金用于受灾道路的修复与重建。2020年，福建省全省有86个县级单位、9万公里农村公路参保，占总里程的95%；总保费9718万元，省级补助5500万元（占保费的56.6%），有效减轻了乡村灾毁抢通、修复资金负担。

（4）专业人员负责，理赔服务精准。保险公司设立24小时服务专线电话，指定专业人员负责农村公路受灾理赔，提供高效率的理赔服务。农村公路发生灾情后，保险公司理赔专员与交通运输局工作人员迅速赶赴现场勘察灾情，掌握第一手资料，提出理赔依据和方案，经双方确认后，保险公司支付理赔金，确保受灾农村公路及时得到修复，保证农村公路的安全畅通。保险机构人员如未按规定时间及时到达现场，则视同允许被保险人在保留事故现场的有关影像资料或实物等证据后自行处理事故现场，保险责任事故产生的损失和相关的合理费用由承保机构承担。对于无法及时进行现场勘验，但又必须先行抢通道路的情况，被保险人可拍照保留受损情况资料，并进行机械台班的登记，对于上述证据，承保机构人员在道路抢通后进行定损时应予以认可。保险人员查勘确认属于保险责任后，当场定损;大案疑难案件定损最迟不得超过一周。在双方对事故的保险责任和损失金额的认定不能达成一致时,由保险双方共同委托有资质的设计机构评估或认可的公估公司协助认定责任和金额;聘请有资质的设计机构评估,评估费用双方各承担50%。农村公路灾毁保险进一步完善了福建省农村公路防灾管理体系,同时也加强了灾毁抢通修复能力,为服务福建省农村乡村振兴提供了有力支持。

3. 推行农村公路灾毁保险的成效

农村公路灾毁保险为农村公路抢通修复、灾后重建提供了有力的资金保障,充分发挥了保险"以丰补欠""无灾救助受灾"的作用,有效缓解了重灾地区农村公路灾毁抢通修复的压力。

(1) 确保农村公路水毁得到了及时修复。农村公路综合保险理赔速度快,理赔科学合理,真正使农村公路灾害性水毁设施能及时得到修复,特别是重大自然灾害损失有了基本的资金保障。农村公路往往是通达乡(镇)村的"生命通道",当遭受灾毁抢险救灾时,应保证一般灾毁3天内抢通、重大灾毁抢通时间不超过1周,农村公路抢通首当其冲、责任重大。

灾毁保险采取预付赔款"特事特办"的方式,并规定5万元以内赔款5个工作日到位、超过5万元的赔款10个工作日到位,保险赔付资金及时到位为抢通"生命通道"提供保障,电力、通信、供水等抢险救灾工作才能顺利进行,让受灾群众及时恢复生产、生活。如在2019年6月9—24日长期强降雨期间,福建省上杭县南阳镇灾情严重,农村公路塌方30000多立方米,1座桥梁被洪水完全冲毁,水毁修复资金负担很重。察看险情后，保险公司特事特办，迅速支付该镇的农村公路受灾理赔金15万元，解决公路保畅通抢通资金和部分救急资金，为全镇抢险救灾工作的顺利开展提供了安全畅通的交通条件。

（2）减轻了县乡村财政负担。灾毁保费由省市县三级财政分担，增加了灾毁修复资金的筹措渠道，推进了农村公路灾毁及时修复。快速抢通、重建畅通、安全、舒适的通行条件，体现了政府部门的责任担当，对于密切党群、政群关系起到了较好的促进作用，做到补短板、惠民生、求实效。以2019年为例，全省农村公路赔付金额11334.22万元，合同保费9598.69万元，赔付率达118.08%。其中，南平、三明、龙岩的赔付率分别达291.08%、253.22%、113.37%。8个县（市、区）赔付率在4倍以上。受灾资金全部用于受灾农村公路的修复重建，大大减轻了县、乡（镇）、村的资金负担。保险的保障功能得到最大限度的发挥。

（3）保障了农村公路安全畅通。农村公路综合保险实施后，修复水毁工程有了资金保障，乡镇、村对农村公路养护管理的积极性和履职的自觉性明显提高，乡村群众爱路护路意识明显增强，从"要我养"变成"我要养"，有力地保障了农村公路的安全畅通。

（4）确保了资金合理调配。受灾情况较重的地区理赔款项多，受灾程度较轻的地区获得的理赔款项相对较少，这样保证了资金使用和灾情的匹配性，避免了由于虚报、多报、人情等因素造成的资金使用上的不公平，确保了资金的合理调配。

（5）节省了行政成本。公路损毁灾情发生后，根据以前的做法，由各乡镇上报、交通运输部门现场数据采集、整理、确定损失、申请资金、领导审批、资金下拨等程序，一是必然耗费大量的人力、物力，特别是发生大面积灾害更是如此，以交通运输部门现有的人力是无法满足的；二是行政部门直接单方介入，会导致一些不良行为的产生，浪费行政成本；三是众多的审批环节也会导致衔接的问题，增加行政的时间成本。引入保险机制后，通过合同的约束，保险公司必须提供优质快捷的保险服务，省去了本应由行政部门完成的环节，节约了大量的行政成本。实现农村公路保险后，通过市场化运作的模式，使受灾乡（镇）村能迅速获得理赔金，及时修复受灾道路，保障全县农村公路安全畅通。

4. 推行农村公路灾毁保险需要注意的问题

推行农村公路灾毁保险需要注意以下几个方面的问题。

（1）理赔标准有待进一步细化。理赔标准需要更强的操作性，以减少不必要的纠纷，也使受灾乡村能够清楚明白能够获得多少理赔款项。由于某些损失缺乏细化的界定标准，导致双方存在争议。尤其是边坡发生坍塌，需采取加强方式修复，在理赔中双方争议较为常见。

（2）赔付资金使用需加强。加强理赔资金使用的监督，交通运输部门应与保险公司保持密切配合、沟通，摸清理赔资金的去向，确保乡镇专款专用，防止被挪作他用。

（3）理赔程序需进一步简化。要优先选择网点多的保险公司，有利于及时、迅速、快捷地开展定审理赔服务，缩短理赔服务时间，及时准确地支付各类赔偿金。

四、经验分享

（一）打好"组合拳"，推动"路长制"真正落地

福建省"路长制"取得良好运行效果的关键是打好"组合拳"，强化各项制度的配合。列入政府绩效考核是落实好"路长制"的保障，各级路长都是政府一把手，事务繁多，农村公路管养不显绩，没有政府绩效考核保障，难以引起重视。福建省将"四好农村路"列入省政府对各地政府的考核，开展优秀总路长表彰等措施，对"路长制"的落实起到了重要的推动作用。统筹实施是加强"路长制"的有效手段，与"河长制""林长制"省市县乡村五级党委、政府主要领导挂帅相比，"路长制"力度相对较弱。将路长与河长、林长等功能统一于生态文明建设指挥部或乡村振兴工作统筹开展工作，进行大整合、大统筹、大协调，使"路长制"在乡村两级与河长、林长一样得到重视，有力强化了"路长制"的落实。路长办作用发挥是"路长制"有效落实的关键，县乡两级路长办在路长制度中起组织、协调、督办的功能，是路长制度的运行中枢，代表县乡政府履行监督组织功能，是五项制度落实的具体实施者。路长办的工作有效与否，直接关系到"路长制"取得的成效。交通运输主管部门的主动担当是"路长制"有效落实的前提，交通运输部门的主动担当是能否将"行业主导"转化为"政府主导"的关键。交通运

输部门主要领导要严格考核,及时通报存在问题,推动"路长制"取得切实成效。

(二)社会参与风险管理,提高抗灾抢修能力

福建省跳出行业管理行业,通过省级主导、地方参保模式,由省级交通主管部门公开招标选择承保机构,签订省级服务协议;由交通运输主管部门与县级承保分支机构签订保险合同。通过合同一年一签、保费一年一付的形式为所辖农村公路上保险。通过保费分担、财政出资的形式明确保费承担对象。建立省、市、县共同分担保费的资金筹措机制,省级分别承担扶贫重点县、中等发展县和经济发达县90%、50%、30%的保费,从省财政专项列支资金,其余列燃油税"六费"返还替代资金支出。地方出资的保费全部由市、县财政出资承担。农村公路灾毁保险推行后,发生较大及重特大灾毁时,仍按现行普通公路灾毁保通重建补助政策叠加支持,确保修复一处、完善一处、达标一处,不留缺口、不留隐患。发挥保险"以丰补欠"、快速赔付的作用,建立承保单位预付赔款"特事特办"机制,加快了农村公路"抗灾生命线"抢修。农村公路灾毁保险是政府购买公共服务的一种新探索,也是落实"放管服"改革要求的一项重要举措,通过保险赔付等方式,进一步拓宽了农村公路养护维修资金渠道,为保障农村公路畅通提供了资金支持。